ヴィジュアル版
# スペイン王家の歴史

マリア ピラール ケラルト デル イエロ 著
青砥直子・吉田 恵 訳

ATLAS ILUSTRADO DE LOS
REYES Y REINAS
DE ESPAÑA

ヴィジュアル版
# スペイン王家の歴史

マリア ピラール ケラルト デル イエロ 著
青砥直子・吉田 恵 訳

Reyes y Reinas de España
Copyright : SUSAETA EDIRIONES, S. A.
Author : Maria Pilar Queralt del Hierro
Campezo, 13 - 28022 Madrid
Impreso y encuadernado en España - Obra clectiva
www.susaeta.com
Japanese translation rights arranged with SUSAETA EDIRIONES, S. A.
through Japan UNI Agency, Inc.

# CONTENTS

## 1 西ゴート王国　10

西ゴート王国　12
- レカレド1世　14
- レオビヒルド　17

**王の居城** 西ゴート王国のトレド　20
- トレド公会議と西ゴート文化博物館　22

## 2 イスラーム・スペイン　24

イスラーム・スペイン国家の形成　26
- アブデラマン3世　32
- ボアブディル　39

**王の居城** アルハンブラ宮殿　40
- アルバイシンとヘネラリーフェの庭　42

## 3 キリスト教諸国　44

アストゥリアス王国　46
- ラミーロ1世　47
- ペラーヨ　48

**王の居城** サンタ・マリア・デル・ナランコ　52
- オビエドの遺産　54

レオン王国　56
- アルフォンソ6世　58
- 女王ウラーカ　61

**王の居城** レオンのサン・イシドロ教会　62
- アルフォンソ7世の宮殿　63

カスティーリャ＝レオン王国　66
- 女王ベレンゲーラ　67
- 聖王フェルナンド3世　71

**王の居城** ラス・ウエルガス修道院　72
- 王家の霊廟　74

カスティーリャ王国　76
ブルゴーニュ家　76
トラスタマラ家　78
- 不能王　エンリケ4世　79
- 影の王妃　レオノール・デ・グスマンとマリア・デ・パディーリャ　81
- マリア・デ・モリーナ　3度の女王　81

**王の居城** アルカサル宮殿　82

- ペドロ1世　残酷王の宮殿　84

## ナバーラ王国　86
- 強王　サンチョ7世　87
- 高貴王　カルロス3世　88
- **王の居城** オリテ宮殿　90
- レオノール・デ・トラスタマラ　オリテの女主人　92

## アラゴン王国　94
- 僧侶王　ラミーロ2世　96
- 戦闘王　アルフォンソ1世　97
- **王の居城** アルハフェリーア宮殿　98
- 女王のゆりかご　100

## バルセロナ伯領　102
- ラモン・ベレンゲール4世　104
- ベレンゲール・ラモン1世　105
- **王の居城** ビラマジョール王宮　106
- 女王ペトロニーラ　バルセロナ伯夫人　107

## アラゴン連合王国　110
- 征服王　ハイメ1世　111
- バレンシア王国　112
- マリア・デ・ルナ　王妃と摂政　116
- フェルナンド1世　アンテケーラの王　117
- **王の居城** レアル・マジョール宮殿　118
- 王の居城から異端審問所へ　119

## マジョルカ王国　122
- ジャウマ2世　124
- 軽率王　ジャウマ3世　125
- **王の居城** アルムダイナ王宮　126
- ペルピニャンのマジョルカ王宮殿　127
- ベルベル城　歴史の証言者　128

# 4 カトリック両王　130

## カトリック両王　132
- カトリック両王の婚姻政策　133
- ジェルメーヌ・ド・フォア　フェルナンド2世の知られざる妻　135
- **王の居城** モタ城　140
- マドリガル・デ・ラス・アルタス・トレス　141

## 5 ハプスブルク家　142
スペイン帝国の絶頂と衰退

**フアナ1世　狂女王**　144
- 文学・美術に見る狂女王伝説　146
- フェリペ1世　カスティーリャ王　147

**カルロス1世　皇帝**　150
- 皇帝最後の愛人
  バルバラ・ブロンベルク　153
- 皇后イサベル　154

**フェリペ2世　慎重王**　158
- フェリペ2世　4人の妻　163
- 王の居城　エル・エスコリアル修道院　164
- 王の霊廟　165

**フェリペ3世　敬虔王**　166
- マルガリータ・デ・アウストリア　167

**フェリペ4世　惑星王**　170
- 惑星王の王妃　173

**カルロス2世　呪われた王**　174
- カルロス2世　2人の妻　176
- 王の居城　エル・パルド宮殿　178
- マドリードの王立タペストリー工場　179

## 6 ブルボン家　180
王国の新しい概念

**フェリペ5世　活力王**　182
- フェリペ5世　2人の妻　184

**ルイス1世　愛された王**　190
- ルイサ・イサベル・デ・オルレアンス
  名前のない王妃　191

**フェルナンド6世　慎重王**　193
- バルバラ・デ・ブラガンサと、
  サレサス・レアレス修道院　195
- 王の居城　ラ・グランハ・デ・サン・
  イルデフォンソ宮殿　196
- 王立ガラス工場　196

**カルロス3世　啓蒙王**　198
- マドリード市長王　201
- マリア・アマリア・デ・サホニア
  良き伴侶　203

**カルロス4世　革命時代の王**　204
- マリア・ルイサ・デ・パルマ　208

**フェルナンド7世　期待の王**　210
- 王の4人の妻　212

| 王の居城 アランフエス離宮 | 214 |
| --- | --- |
| ■ アランフエス　その芸術と歴史 | 215 |

## イサベル2世　悲運の女王　216
- ■ イサベル2世の娘　218
- ■ 女王の私生活　219

## アルフォンソ12世　ロマンチック王　220
- ■ 恋愛と国益　アルフォンソ12世の2度の結婚　223

## アルフォンソ13世　生まれながらの王　224
- ■ ビクトリア・エウヘニア・デ・バッテンベルク　227

| 王の居城 マドリード王宮 | 228 |
| --- | --- |
| ■ サルスエラ宮 | 229 |

## フアン・デ・ブルボン　王位なき王　230
- ■ バルセロナ伯爵夫人　233

## フアン・カルロス1世　全スペイン国民の王　234

- ■ ソフィア・デ・グレシア　236
- ■ 21世紀の新国王　フェリペ6世　237

# 7　その他の王家　238
スペイン王位に就いた2人の異国人君主

## ホセ1世　ボナパルト家　240
- ■ ジュリー・クラリー　不在の王妃　243

## アマデオ1世　サボヤ家　244
- ■ マリア・ビクトリア　黙殺された王妃　247

人名索引──INDEX　248

写真クレジット　257

| | |
|---|---|
| 監修 | Natalia Hernández |
| 出版企画 | Adosaguas |
| 編集コーディネート | Myriam Sayalero |
| 執筆 | María Pilar Queralt del Hierro |
| 校正 | Marisa López de Pariza<br>José M.ª Sotillos |
| デザイン・制作 | Adosaguas |
| 3Dマップ | Samuel López |
| プリプレス | Miguel Ángel San Andrés |

本文中の図版のキャプションで
所蔵館が以下の場合は、( ) 内の都市名を省略している。

プラド美術館（マドリード）
スペイン国立図書館（マドリード）
王立サン・フェルナンド美術アカデミー（マドリード）
ルーブル美術館（パリ）

# 1 西ゴート王国

スペイン王政の基礎を築いた西ゴート王国は、終身制と世襲制をもとに、他国から独立を保ちながら君主への権力を集中させた。スペイン最初の王国である。

# 西ゴート王国

ローマ帝国が衰退すると、さまざまな民族がイベリア半島に侵入してきた。スエヴィ族、ヴァンダル族、アラン族が、ヒスパニアとガリアの一部の実権を握り、半島に新たな社会的慣習と国家の概念をもたらした。しかしローマ帝国と同盟を結んだ中央ヨーロッパの西ゴート族が、これらの民族を駆逐する。そしてレオビヒルド王のときに、トレドが正式に王国の首都と定められた。

　みごとに組織された堅固な国家といわれた西ゴート王国だったが、その歴史は血に染められている。34人の国王のうち10人が近親者に暗殺され、9人が宮廷内の抗争で命を落としている。自然死は15人のみで、暴力がここまで横行したのは選挙王制からくる貴族たちの野心ゆえである。ゲルマン法に由来する基本的行政機関である貴族と聖職者からなる会議によって選ばれた君主には、全権が与えられていた。そのため王位継承時の会議では、敵対する者同士の陰謀がうずまき、君主たちは世襲によって強い王権に基づく安定した国家を作ろうとしたものの、利害をめぐる激しい抗争にさらされて、なすすべがなかった。

　王は、最高判事と軍司令官、立法者を兼ねる存在だったが、行政官吏の称号のもとに宮廷の上層部で構成された国王顧問官や、国王会議によって構成された教会会議の助けを得て統治していた。このメンバーはコメス（地方行政官）の称号を持ち、ローマ帝国領を分割した各州（セプティマニア、タラコネンシス、カルタギネンシス、バエティカ、ルシタニア、ガラエキア）における国王の代理人や、市民判事、士官を支

**トレド公会議**
サンタ・レオカディア教会で開催された

1 西ゴート王国

レケスウィントの王冠
トレド公会議博物館、トレド

学の案件を交互に討議した。
　王国の首都は、フランスのトロサ（トゥルーズ）からイスパリス（セビーリャ）に移され、アタナギルド王の治世からは半島の中心に位置し、安全性の高いトレドに移された。軍隊は常設ではなく、有事になると貴族が異国人の傭兵を集めて組織されていた。

　ローマ帝国との接触により、西ゴート族は高い文化を保持していたようだが、最初の様相は不明である。司教ウルフィラの時代（4世紀）以来アリウス派を信仰していたが、レカレド1世がカトリックへ改宗したときに、それ以前のすべての書物は汚れていると焚書（焼き棄てる）

配下に置いていた。
　また、トレド公会議も教会会議のひとつだった。公会議は主にトレドのサンタ・レオカディア教会で開催され、政治と神

トロサ（トゥルーズ）
西ゴート王国の最初の首都、
ラングドック、フランス

# スペイン王家の歴史

されたからである。セビーリャ司教イシドロの『語源』などの書物にその足跡を見ることができる。

また西ゴート族の知性を如実に表しているのが法律である。『西ゴート法典 フエロ・フスゴ』は、現在もスペイン法の研究では欠かせない。『リーベル・ユディキオルム』という西ゴート最後の法典は、キンダスウィント王によって編纂され、654年頃レケスウィント王の治世下で公布された。キンダスウィント王による99の法律と、レケスウィント王による87の法律で構成され、改訂が多数加えられている。

金とルビー製の西ゴートのブローチ

## ゴート人の君主たち

西ゴート王国初代の王はアラリック1世と伝えられるが、アラリック1世はイベリア半島にはほとんど住んではいなかった。後継者で義兄弟にあたるアタウルフは、西ローマ皇帝の娘ガラ・プラキディアと結婚し、バルセロナに宮廷を置いた。このアタウルフが、次の王となるシゲリックに殺害されてから、王国における暴力の連鎖が始まる。暗殺者にして後継者となったシゲリックもまた、戴冠から1年も経たずに同じ運命をたどった。しかし第4代国王ウァリアは用心深い為政者で、かつ優れた戦士であった。ローマ皇帝ホノリウスと和平を結

### ■ レカレド1世（?〜624）

レカレド1世はレオビヒルドの死後、586年に王位に就き、保守勢力の反対にあいながらも、聖職者たちや宮廷の貴族たちにアリウス派の信仰を棄てさせた。この改宗は第3回トレド公会議で承認され、西ゴート王国の新しい政治・宗教構造の基礎が築かれる。国王は、カトリック教会の指導者も兼ねることになった。レカレドの治世は平和な時代で、東ローマ帝国やバスコン人と何度かの戦闘があっただけである。ゴート人女性バドーとの息子リウバ2世がその王位を継いだ。

レカレド1世像
マドリード王宮正面

# 1 西ゴート王国

び、スエヴィ族、ヴァンダル族、アラン族を撃退した。

ウァリアを継いだテオドリック1世（在位418〜451）は、33年にわたり統治し続けた。初代国王アラリックの息子という立場から世襲制の確立を試み、同時に同盟関係を通して王権の強化をはかっていく。カタラウヌムの戦いではフン王アッチラをくだしたものの、結局は戦死する。長男トゥリスムンドが王位を継ぐが、弟テオドリック2世によって殺害されてしまう。テオドリック2世は13年間の統治後、今度は別の弟エウリック（在位466〜484）に暗殺される。文武に長けたエウリックはフランク族を撃退し、同時に新旧の法律を編纂して自分の名を冠した法典を作り、法制の確立に貢献した。

484年にアルルでエウリックが死亡す

## 👑 西ゴート国王（395〜510）

- 395〜415　アラリック1世
- 410〜415　アタウルフ　ローマ皇帝テオドシウス1世の娘ガラ・プラキディアと結婚、バルセロナに宮廷を開き、そこで暗殺される
- 415　シゲリック
- 415〜418　ウァリア
- 418〜451　テオドリック1世　フン王アッチラとのカタラウヌムの戦いで死亡
- 451〜453　トゥリスムンド
- 453〜466　テオドリック2世
- 466〜484　エウリック　ゲルマン法とローマ法を統合した最初の法典の発案者
- 484〜507　アラリック2世
- 507〜510　ガイセリック

るとその息子アラリック2世が王位を継ぎ、その長い治世の間、父にならって法

ピレネー地方

スペイン王家の歴史

の整備に努めた。しかしピレネー山脈とローヌ川の間の領地を狙うフランク王クローヴィスに宣戦布告される。この戦いに敗れると首都トロサは衰退し、王国はヒスパニアで孤立していく。アラリック2世の後は息子のガイセリックが、その後はアマラリックとテウディスが貴族の選挙

十字架（グアラサルの宝物）
トレド公会議博物館、トレド

###  西ゴート国王（510～711）

- 510～531　アマラリック
- 531～548　テウディス
- 548～549　テウディクルス
- 549～551　アギラ
- 551～567　アタナギルド、トレドに首都を移す
- 567～572　リウバ1世
- 572～586　レオビヒルド　西ゴート王国の偉大な王、イベリア半島を初めて統一
- 586～601　レカレド1世　キリスト教に改宗し、王権と教会が結びつく
- 601～603　リウバ2世
- 603～610　ウィテリック
- 610～612　グンデマル
- 612～621　シセブート
- ？～621　レカレド2世
- 621～631　スインティラ
- 631～636　シセナンド
- 636～639　キンティラ
- 639～642　トゥルガ
- 642～653　キンダスウィント　『西ゴート法典フエロ・フスゴ』の編纂者
- 653～672　レケスウィント
- 672～680　ワンバ
- 680～687　エルウィック
- 687～700　エギカ
- 700～710　ウィティザ
- 710～711　ロドリーゴ（ロデリック）　西ゴート王国最後の王、グァダレーテの戦いでイスラーム軍に敗れる

アラリック2世　版画、作者不詳、19世紀

# 1 西ゴート王国

聖イシドロ　祭壇画（部分）、15世紀

によって王位に就いた。テウディスは「慎重王」と呼ばれたが、次代のテウディクルスは極めて残忍な王であった。

　テウディクルスの死後、混乱期を経てアギラとアタナギルドの間に争いが起こり、結局アタナギルドがアギラを殺害する。アタナギルドは王位に就くと、王国の首都をトレドに定める。しかしそれは一時的で、アタナギルドの死後、後継者リウバ1世は首都を再びフランスのナルボンヌに移した。ところがヒスパニア人たちの抵抗にあい、平定のため弟レオビヒルドをヒスパニアに送り込む。しかしそれがきっかけで、レオビヒルドがヒスパニアの王位を要求することとなる。

　レオビヒルドは、西ゴート王国の傑出した王のひとりだった。その治世において、ヒスパニアは現在のフランス南部を含む広大な帝国となった。しかしアリウス派からカトリックに改宗した息子ヘルメネギルドとの確執により、治世末期は政治は混迷した。後継者となったレカレド1世は賢く洗練された王で、カトリックを公式な宗教として宣言し、アリウス派を異端とするトレド公会議を率先して開催し、カトリック王国としてのイメージを固めた。次のリウバ2世はウィテリックによるクーデターで王位を追われ、そのウィテリックも、多くの国王と同様に暗殺されてしまう。宴の最中に殺され、そして遺体は城外に投げ捨てられた。

## ■ レオビヒルド（在位572〜586）

リウバ1世の弟であるレオビヒルドは572年に王位に就き、ヒスパニアとガリアを平定して西ゴート王国を統一した。アリウス派とカトリックの相互理解を試みたが、息子ヘルメネギルドの反乱により失敗に終わる。ヘルメネギルドはアリウス派の信仰を棄て、父に反旗をひるがえしたが、最後は反乱者たちの手で捕らえられ、585年にタラゴナで処刑された。貴族の要求に対しては毅然とした態度をとり、王権を強化した。首都をトレドに定め、独自の貨幣を鋳造し、法整備という重要な事業に着手して、王国の構造を堅固なものとしたのもレオビヒルドである。

レオビヒルド像
マドリード王宮正面

## スペイン王家の歴史

西ゴートの金細工

ウィテリックの死後、選ばれて王となったグンデマル（在位610〜612）は、王としてはめずらしく天寿を全うした。その王位を継いだシセブートは教養があり、セビーリャ司教イシドロを庇護し、文学と芸術を支援した。シセブートについでレカレド2世、そしてスインティラが王位を継ぐ。しかしスインティラは世継ぎの息子の死によって正気を失い、統治は妻テオドーラに託されるが、軽薄でおよそ支配者にふさわしくないテオドーラのせいで、王国は混乱に陥る。有力者であったシセナンドは、その混乱に乗じてのし上がり、フランク王ダゴベルトの支援を受けてスインティラを退位させ、5年にわたり王国を統治した。

シセナンドの次はキンティラが、その死後は息子トゥルガが王位に就いた。しかしトゥルガは王位を棄てて修道院に入り、代わりに貴族に選ばれたキンダスウィントが王位に就く。キンダスウィントは80代という高齢であったため、息子のレケスウィントが共同王となった。気性が荒く横暴な父親とは対照的に、思慮深く温厚だったレケスウィントは、次の後継者となるワンバの支持層の前に敗れる。

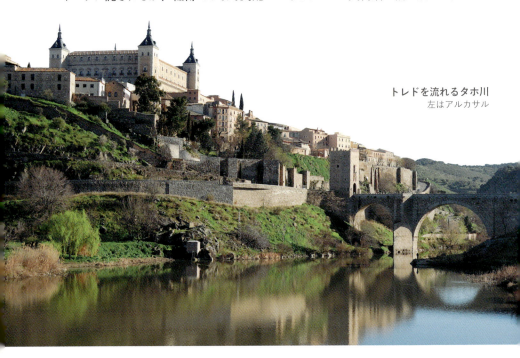
トレドを流れるタホ川
左はアルカサル

# 1　西ゴート王国

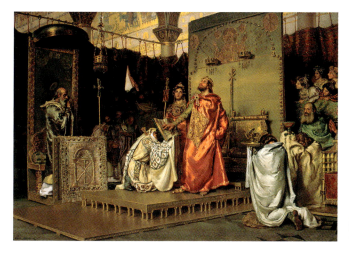

**レカレド1世の改宗**
油彩、ムニョス・デグライン

　ワンバ王以降、西ゴート王国は目に見えて衰退していく。エルウィック王とエギカ王の治世下には疫病と飢饉に襲われ、人口が10分の1に激減していった。次のウィティザ王が710年に早世すると、ロドリーゴが王位に就いた。対話を好む移り気な人物像は、ロマンセ（中世の小叙事詩）や伝説で後世に伝えられている。

　ロドリーゴの短い治世の間に、マグレブ（アフリカ北西部）からイスラーム軍が初めてイベリア半島に上陸している。伝説では、カスティーリャ伯爵ドン・フリアンが美しい愛娘ラ・カバをロドリーゴに誘惑されたのを知り、名誉を傷つけられたと憤り、復讐のためイスラーム軍の最初の侵攻を手助けしたとされる。しかし事実はロマンチックな伝説とはまるで違う。アラブ勢力が侵攻できたのは、より強大な権力を求める貴族たちの度重なる反乱で、西ゴート王国が明らかに弱体化していたからである。反乱を起こしたのは、ロドリーゴの王位継承を不服とする親ウィティザ勢力だった。

　711年、ターリクに率いられたイスラーム軍がジブラルタルに上陸した。ロドリーゴは10万の大軍で迎え撃ったが、その侵攻を阻止できなかった。グァダレーテの戦い（711）で敗れ、ロドリーゴの治世は幕を閉じ、イベリア半島に新しい時代が訪れた。

**リウバ1世像**
オリエンテ広場、マドリード

スペイン王家の歴史

——— 王の居城 ———

# 西ゴート王国のトレド
## 文化のるつぼ

　6〜7世紀にかけて、西ゴート王国領ヒスパニアの首都として栄えたトレド。地理的条件に恵まれた古都は、西ゴート王国時代の面影を色濃く残している。

　トレドが首都に選ばれたのは、まさに戦略的理由からである。タホ川を見下ろす丘の上にあるトレドは、まさに天然の要塞。またふもとの沃野は農業、放牧、狩猟に適し、交通の要衝でもあった。ゴート族ヒスパニアの首都として政治、行政、文化、経済などあらゆる意味で重要だったトレドの市街地には、多数の商人や職人が住みつき、住居が次々と建てられていったに違いない。さらに役人や民間人、王族や聖職者が加わり、特にタホ川沿いと首都の北方には、宮殿や、宮廷の高官の邸宅が立ち並んでいたと思われる。

　やがて時代とともに建物の多くは失われた。現在、大聖堂とその付属の建物が占める地域に、かつてサンタ・マリア教会と司教館があったことはわかっている。サンタ・マリア教会は、7世紀後半

に4回、トレド公会議の会場となった。残りの17回の公会議が開かれたのが、サンタ・レオカディア教会と、聖使徒ペドロとパブロの法務官教会だったが、この2つの教会は当時の姿をとどめていない。各地の高僧が一堂に会して、内密な内容が討議されたことから、両教会とも街の北郊の静かな所にあったと考えられているが、正確な場所はわかっていない。

サンタ・レオカディア教会が建っていたという言い伝えが残るクリスト・デ・ラ・ベガ地域で、考古学調査が行われたが、成果は得られなかった。しかし最近の発掘調査で西ゴート時代の都市の枠組みが発見され、王都トレドの全盛期の姿は明らかになっている。専門家によれば、これはヨーロッパに現存する唯一の西ゴートの遺構だという。

西ゴート時代のトレドで最も重要な出来事といえば、間違いなくサンタ・レオカディア教会で開催された589年の第3回トレド公会議である。この会議でレカレド1世とその廷臣が、アリウス派を放棄したからである。出席した62人の司教、5人の司教代理と数名の貴族を前に、国王レカレド1世はカトリックへの改宗を宣言し、妻とともに入信した。今は「トレド公会議と西ゴート文化博物館」となったサン・ロマン教会と、後世の建築に利用された装飾品の数々は、その当時の栄華を今に伝えている。

トレド全景

## ■ トレド公会議と西ゴート文化博物館

「トレド公会議と西ゴート文化博物館」は、ゴートの君主たちが暮らした頃のトレドに思いを馳せる絶好の場所だ。トレドのムデハル様式の8世紀の建物サン・ロマン教会内にあり、考古学部門には西ゴート王国の最も栄えた6、7、8世紀のさまざまな遺物が集められている。なかでも注目すべきはサイマ（波型の刳り形）、ブローチ、柱頭、レリーフ、碑文板といった品々だ。またカルピオ・デ・タホの古墳で発見された什器類や、レケスウィント王とスインティラ王の奉納冠の複製も展示されている。金にサファイア、真珠、その他極めて高価な宝石類がはめ込まれたこの奉納冠は、壮麗なグアラサルの宝物の一部であり、1858～1861年に行われたグアダムル（トレド県）の発掘調査で発見された。ほかにも王冠や十字架などさまざまな宝飾品があり、その実物は現在、パリの国立中世博物館、マドリードの王宮武具博物館と考古学博物館に分散して収蔵されている。

西ゴートの金銀細工の一部

サンティアゴ・デ・アラバル教会

# 1 西ゴート王国

## 西ゴート時代のヒスパニアにおける

スエヴィ人
西ゴート人
カンタブリア人
バスコン人

# 2 イスラーム・スペイン

西ゴート王国の崩壊後、イスラーム教徒による新しい政治体制アル・アンダルスが誕生した。アル・アンダルスは政治的に後の国家形成に影響を及ぼさなかったが、文化には決して消えない顕著な足跡を残している。

## イスラーム・スペイン国家の形成

イベリア半島で勢力を拡大したイスラーム教徒は、広大な帝国を築き上げる。8〜15世紀にかけて現在のアンダルシア地方と、レバンテ地方、アラゴン地方、バレアレス諸島の大部分を文化的にも政治的にも支配した。コルドバを首都とした後ウマイヤ朝が、当時のヨーロッパで最も重要な政治・文化・経済の拠点だったのは間違いない。その影響力は、バグダッドのアッバース朝にさえ及ぶほどだった。

イベリア半島に初めてイスラーム勢力が上陸したのは、711年のことである。その年アラブ人とベルベル人の連合部隊が、グァダレーテで西ゴート国王ロドリーゴの軍を破った。連合軍を率いていたのはマグレブ総督ムーサー・ブン・ヌサイル（詩歌に「モーロ人ムーサ」と謳われた）と、軍人ターリク・イブン・ズィヤードである。当時すでに西ゴート王国は衰退していたので、侵略者たちはあまり抵抗にあわず各地を制圧し、イスラーム勢力は徐々に領土を拡大していった。732年、ポワティエ（フランス）の戦いでカール・マルテルのフランク軍に敗北するまで、ヨーロッパへの進軍を続けた。

ダマスカスのウマイヤ朝が崩

**ダマスカスの街**

壊すると、ウマイヤ家の一員であったアブデラマン1世が756年、アル・アンダルスのエミール（総督）として、バグダッドのアッバース朝からの独立を宣言。コルドバを首都として後ウマイヤ朝を起こし、788年までアル・アンダルスを統治した。その後継者であるヒシャム1世（在位788〜796）とアル・ハカム1世（在位796〜822）は、アブデラマン1世の政

**アブデラマン1世像**　アルムニェカル、グラナダ

策を継承し、伝統的な親族支配に対抗して、エミールの権力を強化した。

後ウマイヤ朝の支配をゆるぎないものにしたのは、アブデラマン2世である。文化に理解を示して文学や芸術を保護しつつ、統治の手もゆるめない、優れた為政者だった。その治世下で都市文化が発達し、キリスト教諸国やアッバース朝との交易も盛んに行われて、アル・アンダルスは強大な国となった。

## 後ウマイヤ朝（エミール国）

- 756〜788　アブデラマン1世
- 788〜796　ヒシャム1世
- 796〜822　アル・ハカム1世
- 822〜852　アブデラマン2世
- 852〜886　ムハンマド1世
- 886〜888　アル・ムンディル
- 888〜912　アブダラ
- 912〜929　アブデラマン3世

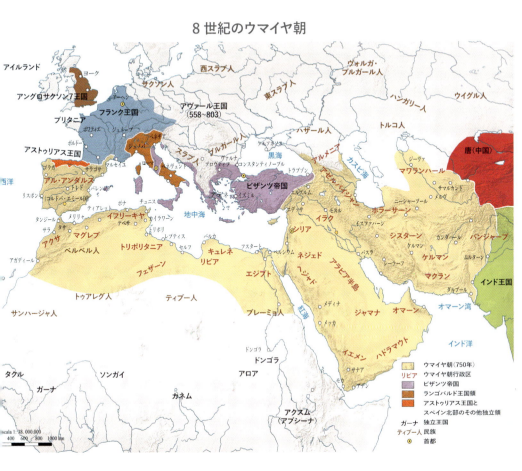

8世紀のウマイヤ朝

# スペイン王家の歴史

**サンティアゴ大聖堂のアル・マンソール**
『スペインの歴史』細密画、
ホセ・デル・カスティーリョ、19世紀

　888～929年にかけて、キリスト教徒とイスラーム教徒の間に最初の戦いが起き、後ウマイヤ朝は政情不安に陥った。それまで両者は平和的に共存し、統合することはないまでも、互いを尊重し、習慣の違いを受け入れていた。

　キリスト教徒は、コルドバに代表されるイスラーム共同体「ウンマ」に対して貢納していた。しかし不作が続き、税が

**アル・マンソール像（生誕千年記念）**
アルヘシラス

## 👑 後ウマイヤ朝（カリフ国）

- 929～961　　　アブデラマン3世
- 961～976　　　アル・ハカム2世
- 976～100　　　ヒシャム2世
- 1009　　　　　ムハンマド2世
- 1009～1010　　スレイマーン
- 1010　　　　　ムハンマド2世（復位）
- 1010～1013　　ヒシャム2世（復位）
- 1013～1016　　スレイマーン（復位）
- 1016～1018　　アリー（ハンムード家）
- 1018　　　　　アブデラマン4世
- 1018～1021　　アル・カースィム（ハンムード家）
- 1021～1023　　ヤフヤー（ハンムード家）
- 1023　　　　　アル・カースィム（復位）
- 1023～1024　　アブデラマン5世
- 1024～1025　　ムハンマド3世
- 1025～1027　　ヤフヤー（復位）
- 1027～1031　　ヒシャム3世

## 👑 アルモラビデ朝

- 1062～1106　ユースフ・ブン・ターシュフィーン
- 1106～1143　アリー・ブン・ユースフ
- 1143～1145　ターシュフィーン・ブン・アリー
- 1145～　　　イシャーク・ブン・アリー
- 1145～1147　イブラヒム・ブン・ターシュフィーン

## 800年のイベリア半島

引き上げられると、イスラーム政権に対して、民衆が反乱を繰り返すようになる。

イスラーム教徒の有力者イブン・ハフスーンがキリスト教へ改宗すると、対立は決定的となった。エミールはキリスト教徒への聖戦を宣言し、全イスラーム教徒を味方につけ、争いは全土へと拡大する。929年、アルプハーラ（グラナダ南部にある山地）の小規模な残党をアブデラマン3世が制圧し、反乱は終結した。

# 領土の繁栄

## 最初のカリフ

　キリスト教徒への勝利によって権威を高め、912～961年まで在位したアブデラマン3世はアル・アンダルスを代表する君主のひとりとなる。それまで続いていたアッバース朝との商業的・政治的関係を断ち切ると、自らカリフ（イスラーム共同体の首長）を名乗り、コルドバを拠点に全土を統治した。アブデラマン3世とその息子アル・ハカム2世の時代が、イスラーム・スペインの最盛期だった。親族支配を排除し、確かな戦略と軍事組織を用いてレオン、カスティーリャ、ナバーラのキリスト教徒軍の南下を阻止した。

　この路線の延長上に登場したのが、イブン・アビー・アーミル（アル・マンソール）である。抜きんでた統率力で傭兵を率いた隊長アル・マンソールは、アブデラマン3世以来、軍事を最優先してきたカリフ国にとっては貴重な人材だった。やがてカリフ以上の実権を得た彼は、精神的指導者としても崇められた。

　アル・マンソールは、東はカタルーニャ、北はサンティアゴ・デ・コンポステーラまで遠征し勝利を収めた。しかし1002年にアル・マンソールが死亡すると、アル・アンダルスの衰退が始まった。

**ディルハム硬貨**
アブデラマン1世時代

**サンティアゴ・デ・コンポステーラ大聖堂**
オブラドイロ広場正面

# スペイン王家の歴史

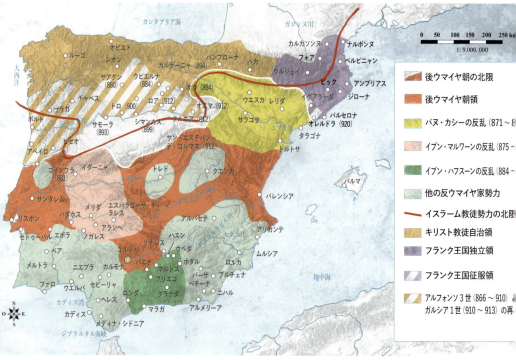

## タイファ諸王国

### ■ アブデラマン3世
### （891～961）

アブデラマン3世は、祖父の死により、21歳の若さで王位に就いた。アストゥリアスのラミーロ2世と対立し、シマンカスの戦い（939年）で敗北するが、サラマンカ付近まで領土を広げ

大使たちの謁見を受けるアブデラマン3世

ることに成功する。ラミーロ2世の死後（950年）は、レオン王、ナバーラ王、バルセロナ伯、カスティーリャ伯も支配下に置いて貢納の義務を負わせた。929年にはイスラーム教徒の長、信仰の擁護者として自らカリフを名乗り、アル・アンダルスの政治的独立を宣言する。その治世下でコルドバは経済・芸術・文化の中心となり、並行して新しい王都マディーナ・アッザフラーの建設を命じた。

柱頭　ザフラー宮殿

## アルモアデ朝

- 1125〜1130　イブン・トゥーマルト
- 1130〜1163　アブド・アルムーミン
- 1163〜1184　ユースフ
- 1184〜1199　ヤークーブ
- 1199〜1213　ナーシル
- 1213〜1224　ムスタンシル
- 1224　　　　マフルー
- 1224〜1227　アーディル
- 1227〜1236　アル・ムータスィム
- 1227〜1232　アル・マームーン
- 1232〜1242　ラシード
- 1242〜1248　サイード
- 1248〜1269　アブー・ダブス

**イスラーム様式のノッカー**
許しの門（セビーリャ大聖堂）

## カリフ国の衰退

　やがてアル・マンソールの子孫が、不当に得た権力を乱用し始めると、それを不服とするカリフ側の貴族が武装蜂起した。アル・マンソールの子孫を支持するベルベル人と、カリフを支持する正当王朝主義者、この両者の戦いは帝国の衰退を象徴していた。中央権力からの独立を狙うベルベル人は、キリスト教諸国に軍事貢納金を納める代わりに援助を求めた。これも一因となって領土の分裂が続き、カリフの権力は目に見えて弱体化していった。アル・アンダルスの分裂はスレイマーンの治世にあたる1013〜1016年の間に終結し、群小国が乱立する状態を迎えた。これがいわゆる「タイファ」である。タイファは、ヒシャム3世時代（在位1027〜1031）にはそれぞれが王国としての特徴を備えるに至った。

## グラナダ王国とナスル朝の王

　グラナダのタイファは、北アフリカのジーリー朝創設者であるザーウィー・ブン・ジーリーによって1013年に建国された。後に半島におけるイスラーム最後の砦となったグラナダ王国の起源である。

　現在のアルメリーア、グラナダ、マラガ各県にまたがる領土を誇ったタイファも、始まりは2ヵ所の集落にすぎなかった。現在のアルバイシンにあたるイリベリスとアルハンブラの丘周辺を指すガルナータで、後者はグラナダの名の由来となった。

　そのジーリー朝も1090年、アルモラビデ朝によって権力の座から下ろされる。それ以来、両朝間の衝突が繰り返され、グラナダは内戦状態に陥った。文化的・商業的には大きく発展し、公共建築が立ち並ぶ美しい都市となったグラナダだが、内外の争いは

**ナスル朝の王**　王の広間・壁画（部分）、アルハンブラ宮殿

決着がつかず、1146年頃になると、アルモラビデ朝の指導者たちは、ついにアフリカのアルモアデ朝へ支援を求めた。

## ナスル朝

アルモアデ朝による支配の後に権力を掌握し、1238年にナスル朝を創設したのがムハンマド・イブン・ナスル(ムハンマド1世)である。グラナダ王国を統治した20人のスルタン(君主)の初代にあたり、その髪の色から「赤」を意味するアル・アフマルと呼ばれた。「神のみが勝利者である」を合言葉に建国されたグラナダ王国は、ナスル朝の支配下で1492年まで存続した。

ムハンマド1世が頭角を現したのは1232年にグアディクス、バーサ、ハエン、マラガ、アルメリーアの支配者集団にスルタンとして承認された時である。2年後の1234年には、コルドバ・アルモアデ朝への服従を宣言したが、コルドバは1236年、聖王フェルナンド3世によって征服される。

その後、ナスル朝を創始するに至るが、王国の独立を認めてもらう代わりにフェルナンド3世の封建的家臣となる。それからも国政は円滑に運ばず、1246年、グアダルキビル川流域の支配を強化するためハエンを獲得したフェルナンド3世に貢納を要求される。王国を維持して休戦状態を保つためには、これに従わざる

アルバイシン地区展望
グラナダ

を得なかった。

　グラナダ王国の行政機構は後ウマイヤ朝（カリフ国）に非常に近いものだった。立法者であり、絶対的権力の持ち主である君主はマリクと呼ばれ、高官、裁判官、税務官などと複雑なネットワークを形成していた。

　ムハンマド1世の権力は、この行政ネットワークに加え、領土の地理的優位性の上に成り立っていた。キリスト教諸国にとって、アフリカからの侵略に対する防壁であるグラナダには、同時にマグレブ（北アフリカ）のイスラーム教徒との交易や同盟関係によって、その繁栄と安全が

ナスル朝の護符

もたらされていた。しかし2つの権力の狭間にあるということは、常に緻密な外交戦略が要求されるということだ。特に外交に長けていたのがユースフ1世とムハンマド5世で、その手腕によってグラナダはヨーロッパでも有数の文化の中心となった。一方、王族間の抗争は絶えることなく、廃位と復位が頻繁に行われた。

## スペイン王家の歴史

### 王国の衰退とキリスト教徒による征服

　ナスル朝にとって最大の内なる敵は、王位をめぐる絶え間ない争いだった。また後継者争いに乗じてカスティーリャとアラゴン両カトリック王国が次々と持ちかけてくる同盟に応じたため、グラナダ王国は徐々に領土を失っていった。1481年にはアラゴンの援軍を受けたカスティーリャ王家がグラナダの包囲に着手。王国の衰退に拍車をかけた。アラマの占領に始まった戦闘は、経済力と軍事力を備えたキリスト教徒軍の勝利に終わった。しかしグラナダの真の敗因は、長く厳しい包囲下でのナスル朝の内紛による王国の弱体化にほかならなかった。

　1482年、国王ムレイ・ハッサン（アブル・ハサン・アリ）が退位に追い込まれる。息子ボアブディルを王位に就けようとする王妃ファティマの陰謀だった。裏切りの陰には、王の新しい寵姫イサベル・デ・ソリスへの嫉妬があった。イサベルはキリスト教徒で、マルトスの総督サンチョ・ヒメネス・デ・ソリスの娘である。ナスル朝によるマルトスの占拠後、アルハンブラ宮殿に捕虜として連れてこられた。その美しさに心奪われたムレイ・ハッサンは、イサベルにソライダという名を与えてイスラームに改宗させ正式な妻に迎

聖王フェルナンド3世像　サバティーニ公園、マドリード

ヒラルダの塔（ミナレット）　セビーリャ

## 2 イスラーム・スペイン

えた。ファティマは、嫉妬にさいなまれると同時にイサベルの子に自分の息子ボアブディルの王位継承権を奪われるのではという恐れを抱くようになっていた。

長くもつれた内紛の末、ボアブディルが王位についたが、王位を剥奪されたムレイ・ハッサンは黙ってひきさがらず、弟の副官ザガルを味方につけて、再び長い戦いに挑んだ。最終的に勝利を収めたのは、カトリック両王への臣従を誓って支援を得たボアブディルだった。

内紛は、何度かの休戦と陣容の変化（ムレイ・ハッサンの死後、ボアブディルとザガルが連携）をはさんで約10年続き、その間に王国は二分された。最後にはザガルがカトリック王フェルナンドの軍隊に敗北し、ロハの攻防戦で囚われていたボアブディルは、グラナダの引き渡しを条件に解放される。しかしボアブディルは協定を順守せず、グラナダの街は長く厳しい包囲戦へと突入した。

1489年、カトリック両王は城門前に陣どりグラナダの町を封鎖した。それから1年以上にわたって飢えと苦痛にさいなまれることになる。食料が底を尽き、冬の寒さで状況がいっそう厳しくなってようやく、ボアブディルは降伏の道を選んだ。

このときの和平条約には、ボアブディルの偉大さがよく表れている。67の条文で、グラナダに住むイスラーム教徒の将

アルメリーアの城塞

# スペイン王家の歴史

**ボアブディル像**　グラナダ

来を守ろうとした。つまり住民の身の安全と財産・住居の保証、イスラーム法やメスキータなどの宗教施設の尊重、包囲戦で囚われた捕虜の解放などが謳われ、アフリカへの帰還を希望する者には、キリスト教徒側がその便宜を図るという約束も取り付けてあった。

またキリスト教徒に対しては、メスキータへの入場、祈りの時間に兵士を妨害すること、イスラーム教徒の家に侵入することを禁じている。さらに、条約の承認を教皇に要請し、キリスト教徒の報復を避けるため併せて条約への署名も依頼した。

## 👑 ナスル朝

- 1238～1273　ムハンマド1世（アル・アフマル）
- 1273～1302　ムハンマド2世
- 1302～1309　ムハンマド3世
- 1309～1314　ナスル
- 1314～1325　イスマイール1世
- 1325～1333　ムハンマド4世
- 1333～1354　ユースフ1世
- 1354～1359　ムハンマド5世
- 1359～1360　イスマイール2世
- 1360～1362　ムハンマド6世
- 1362～1391　ムハンマド5世（復位）
- 1391～1392　ユースフ2世
- 1392～1408　ムハンマド7世
- 1408～1417　ユースフ3世
- 1417～1419　ムハンマド8世
- 1419～1427　ムハンマド9世
- 1427～1429　ムハンマド8世（復位）
- 1430～1431　ムハンマド9世（復位）
- 1431～1432　ユースフ4世
- 1432～1445　ムハンマド9世（再復位）
- 1445　　　　ムハンマド10世
- 1445～1446　ユースフ5世
- 1446～1448　ムハンマド10世（復位）
- 1448～1453　ムハンマド9世（再々復位）
- 1453～1454　ムハンマド11世
- 1454～1462　サード
- 1462　　　　ユースフ5世（復位）
- 1462～1464　サード（復位）
- 1464～1482　ムレイ・ハッサン
- 1482～1483　ムハンマド12世（ボアブディル）
- 1483～1485　ムレイ・ハッサン（復位）
- 1485～1486　ムハンマド13世（ザガル）
- 1486～1492　ムハンマド12世（ボアブディル）（復位）

2 イスラーム・スペイン

碑銘（ナスル朝の合言葉）

　こうしてナスル朝の王国は終焉を迎えた。イスラーム・スペインの象徴的存在だったグラナダは、カスティーリャ王国に完全統合された。

■ ボアブディル（1460～1527）

ムレイ・ハッサンと王妃ファティマの長子で、ナスル朝最後の君主。実母にたきつけられて父ムレイ・ハッサンに反旗を翻し、1482年に王位に就く。カトリック両王との戦争が始まるとすぐにマラガでキリスト教徒軍を打ち破ったものの、ルセナの戦いで捕虜となる。その間に父ムレイ・ハッサンが復位。続いて叔父ザガルが王位に就くと、カトリック両王はボアブディルを解放する。ザガルが甥の復権を認めないことを見越し、内紛を引き起こそうとしたのである。目論見どおり王国は戦いに明け暮れた。カトリック両王に包囲されたグラナダの町は1492年1月2日、ついに陥落する。ボアブディルはアルプハーラに逃れ、その後モロッコに向かい1527年に死亡した。

グラナダの降伏（1882年）　油彩、フランシスコ・プラディーリャ、元老院議事堂、マドリード

ボアブディルの剣

| スペイン王家の歴史

王の居城

# アルハンブラ宮殿
## 赤い城

グラナダ

　1984年、ユネスコの世界遺産に登録されたアルハンブラ宮殿は、ヨーロッパで最も完全かつ良好な形で保存されているイスラーム建築の傑作である。赤味のあり粘土の壁の色を表すアラビア語に由来する「赤い城」——アルハンブラ宮殿は、グラナダの北東にある丘に建っている。

　城の赤い色とコントラストをなすのは、ヘネラリーフェ庭園だ。無数の水路や小川が庭のなかを走り、木々が青々と葉を茂らせている。

　ナスル王朝の創始者ムハンマド1世の命によって建設されたこの要塞は、ユースフ1世（1333～1354）とムハンマド5世（1354～1359）の時代に拡張された。当時の都市の大半や、大モスクその他のアラビア式建造物はキリスト教徒によって破壊されてしまったが、アルハンブラはその壮麗さに加え、イスラーム王朝最後の砦だったこともあって、そのまま残された。やがてカトリック両王の手に渡ると、内外に修復が施された。「ライオンの中庭」を飾るアラビア文字や「王の広間」

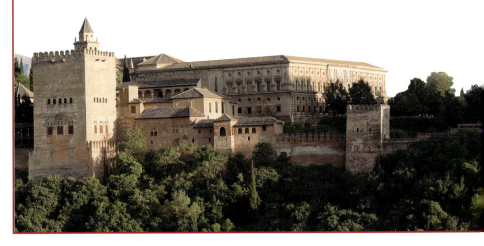

の天井画が当時のままの形で残されたのは、モーロ人芸術家フランシスコ・デ・ラス・マデラスが修復にあたったおかげだ。以降、たびたび災害や略奪、窃盗の被害に遭ったり、またルネサンス様式のカルロス5世宮殿のような、元の建物とまったく不似合いな建物が敷地内に加えられたりはしたものの、アルハンブラ宮殿は初期の構造を今にとどめている。

宮殿といえばたいていはひとつの建造物を指すが、アルハンブラ宮殿は敷地内のいくつもの建造物群からなる。たとえば城壁の塔の中にも、豪華にしつらえられた広間があり、塔のそれぞれがひとつの邸宅となっている。「王女たちの塔」「貴婦人の塔」「捕虜の塔」がその例である。

「コマレス宮」「ライオンの中庭」も見どころだ。「アラヤネスの中庭」、別名「アルベルカの中庭」に面したコマレス宮は、四角形の池が有名で、その両側の柱廊はそれぞれ「バルカの間」「コマレスの間」の塔へと続く。柱廊に隣接して「メスアール宮」、別名「会議の間」があり、また左手にある「浴室」は、ムハンマド5世（1354～1359）が造らせたライオンの中庭へと続いている。アルハンブラ宮殿と聞くと、このライオンの中庭をイメージする人も多いだろう。中央にはライオン像が支える大理石の水盤が座し、その周りを、洗練された大理石の円柱と、美の極みといえるアラビア文字で装飾された壁が取り囲んでいる。ナスル朝宮廷で流行した繊細かつ洗練された芸術文化を、最もよく象徴している。

アルハンブラ宮殿全景

## ■ アルバイシンとヘネラリーフェの庭

アルハンブラに近接するヘネラリーフェは、ナスル朝スルタンたちが保養に使っていた古い別荘で、13世紀中頃に建設され、14世紀に改装された。その名は設計した宮廷建築家の名、アラリーフェに由来する。

簡素で装飾も控えめなこの建物を取り囲む庭にはいくつもの小道や東屋が配され、「アセキアの中庭」へとつながる柱廊がある。アセキアの中庭の交差する噴水のトンネルを見ていると、グラナダ出身の詩人フェデリコ・ガルシア＝ロルカの詩句、「あの高み、ヘネラリーフェで、グラナダは水の情熱に心かき乱す」が蘇ってくる。

アルハンブラ正面の丘にアルバイシンがある。狭く曲がりくねった路地、漆喰塗りの外壁、外から見えないところに多くのものを秘めた日の当たらない中庭がはてしなく続く地区だ。これらはこの地区を造ったアラビア人たちの歴史をよく表している。キリスト教徒に征服されたイスラーム教徒は、自分たちの生活様式を守るために、住居を閉じた空間にする必要があった。そこで生まれたのがアルバイシンだ。さらにこの地区には、サン・ニコラス展望台をはじめ、アルハンブラを見渡せる一連の展望台がある。ここからの夕焼けはすばらしい。元アメリカ大統領ビル・クリントン氏が、「世界で最も美しい入り日」と称した夕景色を楽しむことができる。

アセキアの中庭

**ライオンの噴水**　アルハンブラ宮殿のライオンの中庭にある

# 3 キリスト教諸国

中世キリスト教諸国は、政治、文化、社会において現在のスペイン王国に多くの遺産をもたらした。

- アストゥリアス王国
- レオン王国
- カスティーリャ-レオン王国
- カスティーリャ王国
- ナバーラ王国
- アラゴン王国
- バルセロナ伯領
- アラゴン連合王国
- マジョルカ王国

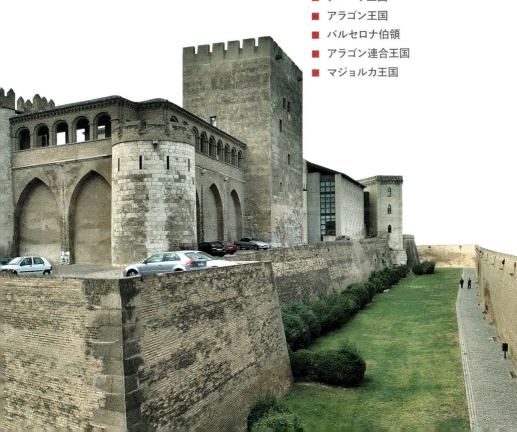

# アストゥリアス王国

イスラーム教徒に対して最初に反撃ののろしを上げたキリスト教国は、8世紀のアストゥリアスだ。西ゴート系貴族ペラーヨがアストゥリアスの抵抗勢力を率い、コバドンガの戦いでイスラーム教徒を初めて打ち破った。その勝利をきっかけにドゥエロ川北部にキリスト教徒が集まって小さな国ができた。国の体制はペラーヨの2代後、アルフォンソ1世（在位739〜757）の時代に固められた。

アストゥリアス王国は、718〜925年まで存在した。グァダレーテの戦いでロドリーゴ王が死に、トレドを首都とする西ゴート王国が滅亡して以来、イベリア半島で初めて成立したキリスト教国である。

領土は、カンタブリア山脈の西部から中部、ピコス・デ・エウロパから現在のアストゥリアス州中央あたりまで。「アストゥリアス人」という概念はローマの植民地化に抵抗した民族（アストゥール人、カンタブリア人、バスコン人など）の総称としてすでにできていたが、国家の形をなしたのはコバドンガでの勝利後であり、ペラーヨが権力の座に就いたときだった。

しかしこの山中の小さな自治国家でのペラーヨの権限は小さく、西ゴート国王のそれとは比べ物にならなかった。しかもペラーヨは王ではなく、プリンセプスという王子を意味するスペイン北部先住民の伝統的称号を名乗っていた。これはガリシアやカンタブリアの碑銘から明らかになっている。アストゥリアス王国で王（レックス）の称号が使われるようになったのは、アルフォンソ2世以降のことである。

アルフォンソ1世の時代に、アストゥ

**アルフォンソ2世**
聖書細密画（オビエド大聖堂収蔵）

## 3 キリスト教諸国

# アストゥリアス最後の選出王

リアス王国は領土の拡大を始める。西はガリシア、南はドゥエロ川流域まで進出し、その息子フルエラ1世もさらに拡大をはかる。しかしそれに続くアウレリオ、シーロ、マウレガート、ベルムード1世の治世下では、23年間にわたり拡大はなかった。対外的には停滞していたかに見える時代だが、国内では重要な変革が行われ統治体制が整えられていった。

王国は遷都を3度行っており、4つの首都はいずれも現在のアストゥリアス州にある。カンガス・デ・オニス、プラビア、サン・マルティン・デル・レイ・アウレリオ、オビエドである。王国は、辺境地を支配するため各地に伯領を置いたが、建国時からの領土は王の直轄だった。西ゴート王国と比べると、その行政機関はずっと簡素だった。

### ■ ラミーロ1世（791?～850）

ラミーロ1世は、アストゥリアス王国において貴族から選ばれた最後の王である。その死に際し、世襲制がとられるようになったからだ。在位中は、何度もノルマン人やイスラーム教徒を撃退した。そのうちのひとつ、伝説的なクラビホの戦いでは聖ヤコブが天から舞い降り、キリスト教徒軍を勝利に導いたとされる。金細工と建築を手厚く保護し、その時代、アストゥリアスのプレロマネスク様式の芸術は栄華を極めた。最初の結婚でアストゥリアス王オルドーニョ1世が生まれ、カスティーリャ貴族の娘ウラーカとの2度目の結婚でガルシア、ロドリーゴ、アルドンサが生まれた。

**ラミーロ1世像**
オリエンテ広場、マドリード

アストゥリアス王国の経済基盤はもっぱら農業と牧畜で、唯一の都市部であるオビエドを除けば、国の大半は農村地帯だった。ただし現在のアストゥリアス州外にある領土内には、ブラガ、ルーゴ、アストルガ、レオン、サモーラといった都市もあった。

社会は当初平等だったものの、次第に封建化していく。特にイスラームの脅威から逃れたモサラベ（イスラーム支配下のキリスト教徒）が西ゴート文化とともに大量に流入してくると、キリスト教とゴート人の慣習が持ち込まれ、封建化が加速した。

コバドンガの洞窟　ピコス・デ・エウロパ、アストゥリアス

### 伝説の 13 人の王

13 人のアストゥリアス国王の生涯は伝説の靄に包まれている。たとえば、2 代国王ファフィラは政治的陰謀により死亡したが、伝説によれば長いひげが木に絡まり、襲ってきた熊から逃げきれずに死んだことになっている。マウレガート王は、「処女 100 人の貢物」伝説に名を

■ **ペラーヨ（？～737）**

コバドンガの英雄としてあがめられたペラーヨは、西ゴートの名士一族の出身とされる。グァダレーテの戦いでロドリーゴの軍に仕え、その後しばらくコルドバに囚われていたとイスラームの歴史書にある。718 年頃、アストゥリアスに逃亡し、貢納を不服としてイスラーム教徒に対して起きた反乱を指揮する。コバドンガの戦いでは土地勘を生かし、寒冷な山岳地帯での戦闘に不慣れなイスラーム軍を破った。その勝利後、新たな王国の君主としてカンガス・デ・オニスに宮廷を開き、そこで 737 年に死亡した。

王妃ガウディオーサとの間に、第 2 代国王ファフィラとエルメシンダをもうける。エルメシンダは、第 3 代国王となったカンタブリア公アルフォンソと結婚した。

**ペラーヨ像**（西ゴート貴族、アストゥリアス初代国王）　オリエンテ広場、マドリード

残している。

初代のペラーヨについては、確かな資料がほとんどない。西ゴート国王レケスウィントの孫で、イスラーム教徒の侵攻によりトレドからアストゥリアスに逃れ、アストゥール人の集団を率いてイスラーム軍を阻止したこと、さらにレオンを征服してキリスト教勢力を強化したことだけがわかっている。「新しい民を治める新しい王」となったとイスラームの作家は書き残している。そのあとを継いだのが、息子ファフィラである。ファフィラの死後は、ペラーヨの娘エルメシンダの夫であったアルフォンソ1世が王位に就く。

カトリック王と呼ばれたアルフォンソ1世は、アストゥリアス王国を確立した真の立役者である。西はオポルト、南はアビラとセゴビアまで領土を広げ、757年栄光のうちに死を迎えた。

王位を継いだアルフォンソ1世の長男フルエラ1世は、「戦闘では勇敢、交渉では慎重」であったと歴史書が伝える。バスコン貴族の娘ムニアと結婚し、3人の子どもをもうけた。その治世の間に後のオビエドを建設。大聖堂に王の遺体

**ローマ橋**　カンガス・デ・オニス、アストゥリアス

が埋葬されている。

　フエラ1世が貴族の反乱によって暗殺されると、首謀者たちはフルエラ1世の従兄弟にあたるアウレリオを後継者に選出した。アウレリオの次の王シーロは、宮廷をカンガス・デ・オニスからプラビアに移した。

　シーロの死後に宮廷は2派に分裂した。フルエラ1世の息子アルフォンソの擁立派と、アルフォンソ1世の庶子マウレガートの支持派に分かれたが結局、王に選ばれたのはマウレガートだった。その後はアルフォンソ1世の甥で、アウレリオ王の弟にあたるベルムード1世が継ぐ。穏健な人物として知られ、甥の純潔王アルフォンソ2世を後継者として選んだ。アルフォンソ2世は長期にわたり国を治め、宮廷をオビエドに移し、度重なるイスラーム勢力の侵攻に抗戦した。またこの時代に初期のプレロマネスク様式の建築が出現している。今もオビエドに残るカマラ・サンタ、サン・ティルソ教会、サン・フリアン・デ・ロス・プラドス教会などである。

　アルフォンソ2世は、都市オビエドの紋章「天使の十字架」を製作させたと言

**サンタ・クリスティーナ・デ・レーナ教会**　プレロマネスク様式、レーナ、アストゥリアス

い伝えられている。しかし実際にこれを定めたのはラミーロ1世だったようだ。ラミーロ1世は揺るぎない国家をつくりあげ、クラビホの戦いに参加してプレロマネスク様式の興隆を支えた。サンタ・マリア・デル・ナランコやサン・ミゲル・デ・リーリョ教会、サンタ・クリスティーナ・デ・レーナ教会のプレロマネスク様式は、「ラミーロの」を意味するラミレンセ様式とも呼ばれている。

ラミーロ1世の政策を引き継いだのは、アルフォンソ3世である。大王アルフォンソ3世は新たな同盟関係を求め、ナバーラ王国の王女ヒメナと結婚。その死後、王国は分割され、息子たちに与えられた。ガリシアはオルドーニョが、アストゥリアスはフルエラが、そしてレオンは長男のガルシアが受け継いだ。この分割は、アストゥリアス王国の終焉を意味した。

 **アストゥリアス国王**

　以下は、8世紀の初めにアストゥリアス王国が建国されてから、大王アルフォンソ3世の死で分割されるまでの、ペラーヨと続く12人の王の系譜である。

- 718～737　　ペラーヨ、建国者
- 737～739　　ファフィラ
- 739～757　　アルフォンソ1世
- 757～768　　フルエラ1世
- 768～774　　アウレリオ
- 774～783　　シーロ
- 783～788　　マウレガート
- 788～791　　ベルムード1世
- 791～842　　アルフォンソ2世
- 842　　　　　ネポシアーノ
- 842～850　　ラミーロ1世
- 850～866　　オルドーニョ1世
- 866～912　　アルフォンソ3世「大王」

ドン・ロドリーゴ　『スペイン王家系譜』
（アロンソ・デ・カルタヘナ著）細密画

# スペイン王家の歴史

王の居城

# サンタ・マリア・デル・ナランコ
## ラミーロ王の宮殿

アルフォンソ2世の統治時代、アストゥリアス王国の首都はオビエドに移された。それに伴い建設された王家の建物には、当時の最新技術が多数取り入れられている。たとえば小さな切り石の壁、半円アーチ、外部の控え壁とつながる横断アーチの天井などである。これらの美しく素朴な建物群はその優れた景観により、1985年12月にユネスコの世界遺産に登録された。

なかでもひときわ目を引くのが、ラミー

ロ1世の住居として842年に建設されたサンタ・マリア・デル・ナランコだ。狩りの獲物がいる森が近いことから、あえてナランコ山中腹に建てられたこの建物を、君主たちは狩猟と保養のため、足繁く訪れたという。数100メートル離れた場所には、同じくラミーロ1世が礼拝堂として造らせたサン・ミゲル・デ・リーリョ教会がある。

細長い矩形の土地(20m×6m)に建つサンタ・マリア・デル・ナランコは、上下2つの階からなり、2階へのぼる階段は建物の北側にある。1階の天井は壁と一体化した横断アーチに支えられている。これはオビエド市街にあるカマラ・サンタの下層階と同じ構造だ。1階の中

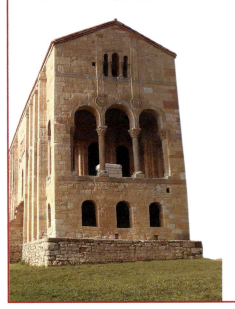

央は、王の謁見の間だったと考えられ、その両側には板張りの部屋がある。ひとつはバスルームか貯水槽として使われていたようだ。西側のもうひとつの部屋は、外からしか入ることができない。

2階も、1階と造りがよく似ている。部屋の両側にはブラインドアーチ（壁でふさがれたアーチ）が連なり、ひもを巻き付けたような模様の二重柱がそれを支えている。外を見晴らせる2つの部屋の天井はドーム型だ。柱頭には、動物をかたどった彫刻が施され、建物の内外にある32ヵ所のメダイヨン（円形浮彫装飾）にもやはり動物のモチーフが用いられている。内部に最も多く彫られているのは鳥

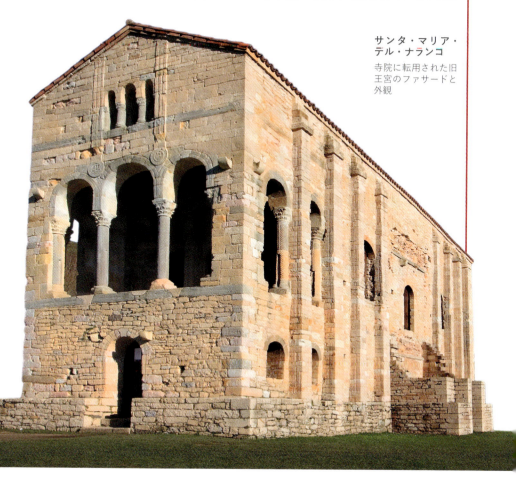

**サンタ・マリア・デル・ナランコ**
寺院に転用された旧王宮のファサードと外観

で、馬の背にまたがって戦闘姿勢をとった騎手の姿もある。装飾がどこか素朴なのは、東洋の影響とともに装飾より建築に重きが置かれたためだろう。

さまざまな技術を組み合わせて建てられた高くほっそりとした優美な建物、プレロマネスク様式の明らかな特徴を持ったサンタ・マリア・デル・ナランコは、初期アストゥリアス王国そのもの。つまり古代の伝統と中世をつないでいる。

近くにサン・ミゲル・デ・リーリョ教会があるが、こちらは14世紀に修復された。建設時からの姿をとどめているのは、柱廊、内陣への通路、身廊など、全体の3分の1だけだが、柱礎と柱頭の装飾や、窓を覆っていた斜め格子などに往時の名残りが見受けられる。

## ■ オビエドの遺産

アストゥリアス王国の首都オビエドには、歴代君主たちが命じて造らせた建物がいくつも残っている。そのひとつサン・ティルソ教会は、9世紀の初めにアルフォンソ2世が大聖堂の近くに建てた王宮の一部だった。当初は3廊式(身廊がひとつと側廊が2つ)のバシリカ型寺院だったが、そのころの姿をとどめているのは、主礼拝堂の壁と塔の下部だけである。またカマラ・サンタも9世紀に建てられた王宮礼拝堂だ。サン・ミゲルの塔に隣接し、現在はオビエド大聖堂の一部となっている。

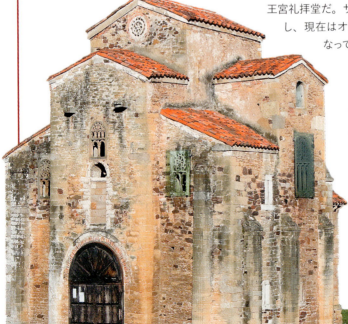

**サン・ミゲル・デ・リーリョ教会** プレロマネスク様式、アストゥリアス

## アストゥリアス王国最大時のイベリア半島

| スペイン王家の歴史

# レオン王国

大王アルフォンソ3世の死後、アストゥリアス王国は3人の後継者に分割移譲された。フルエラにはアストゥリアスが、オルドーニョにはガリシアが、ガルシアにはレオンが渡された。このガルシアがガルシア1世として、レオン王家の第1代の王となる。ガルシア1世が914年に世継ぎのないまま死ぬと、弟のオルドーニョ2世が王位を継いだ。オルドーニョ2世はレオン市を首都とし、レオンとガリシアの王を称した。

### 帝国への憧れ

カスティーリャ伯領（後のカスティーリャ=レオン王国）が分割されるまで、レオン王国は現在のガリシア州、アストゥリアス州、エストレマドゥーラ州、カスティーリャ・イ・レオン州の大部分とウエルバ県北部で構成されていた。

中世の他の王国と同じく、神から直接授けられた絶対王権が王にあると見なされていたが、レオン王国では同時に自治権を持って都市の統治行政を行うコンシリウム（議会）も存在した。当初、コンシリウムは全市民によって構成されていたが、次第に選出されたメンバーによる代表制がとられていった。やがてコンシリウムと王権とのコミュニケーションが必要となり、1188年にコルテス（身分制議会）が誕生する。コルテスは、聖職者、貴族、、そして最小派閥ではあったが市民代表によって構成されていた。

レオン王国の君主は王（レックス）と呼ばれ、10世紀になると皇帝（インペラトール）の称号が使われるようになる。

この称号には、レオンが西ゴート王国によく似た体制を持ち、イベリア半島の他の王国より政治的優位にあるという意

アルフォンソ9世（在位1188〜1230）　文書集『トゥンボA』
細密画、サンティアゴ・デ・コンポステーラ大聖堂文書館

# 3 キリスト教諸国

## 👑 レオン国王・女王

- 910〜914　ガルシア 1 世
- 914〜924　オルドーニョ 2 世
- 924〜925　フルエラ 2 世
- 925〜931　アルフォンソ 4 世
- 931〜951　ラミーロ 2 世
- 951〜956　オルドーニョ 3 世
- 956〜958　サンチョ 1 世 肥満王
- 958〜960　オルドーニョ 4 世 悪王
- 960〜966　サンチョ 1 世 肥満王
- 966〜984　ラミーロ 3 世
- 984〜999　ベルムード 2 世
- 999〜1028　アルフォンソ 5 世
- 1028〜1037　ベルムード 3 世
- 1037〜1065　フェルナンド 1 世 大王
- 1065〜1109　アルフォンソ 6 世
- 1109〜1126　ウラーカ
- 1126〜1157　アルフォンソ 7 世
- 1157〜1188　フェルナンド 2 世
- 1188〜1230　アルフォンソ 9 世
- 1230　　　　レオンとカスティーリャの統合

ロナ伯、イスラームの首長たちを従える皇帝としてレオンで厳かな戴冠式を行った。しかし君主を皇帝とする考え方は次第に衰退していく。やがてレオン国王は皇帝を名乗るのをやめ、イベリア半島のキリスト教諸国は各々の独立性を高めていった。

　中世の文化にレオン王国が果たした役

レオン大聖堂（正面入口）

味が込められている。レオン国王は最後の西ゴート国王ロドリーゴの後継者とされ、ゴート人国家の再建を目指した。ゆえに、フェルナンド 1 世（在位 1037〜1065）は「皇帝王」、アルフォンソ 6 世（在位 1065〜1109）は「ヒスパニア全土の王」とも称された。

　アルフォンソ 7 世（在位 1126〜1157）はアラゴン、ナバーラ、ポルトガルの各王、バルセ

スペイン王家の歴史

割は大きい。サンティアゴ・デ・コンポステーラへの巡礼路が王国を横切るため、12世紀以降、イベリア半島とヨーロッパのその他の地域の間の文化交流が生まれた。また、イスラーム世界からは当時の最新科学知識が入ってきていた。さらに歴代君主がシトー会の修道院設立を奨励していたこともあって、国内に生まれた数多くの修道会が文献の保護・研究活動に従事した結果、重要な古典の文献が復元された。

サンティアゴの巡礼路があるおかげで、砦や修道院やローマ人入植地の周辺に集落や都市が建設されていった。これらの都市は農村とは異なり、手工業や商業を経済基盤としていた。その繁栄ぶりを、12世紀のアラブ人旅行家イドリーシーは次のように記している。

「商業が非常に盛んで、住民たちは、節約家で節度がある。頑丈な石の城壁に囲まれた都市もあり、土地は肥沃で、ブドウ畑が広がっている。都市の住民も、その他の地域の住民も裕福で、商業や手工業に従事している」

### ■ アルフォンソ6世（1040〜1109）

大王フェルナンド1世の息子で、レオン国王。父の遺志によりレオンの王位を継いだ。王国の分割によって起きた兄弟同士の争いは、カスティーリャ王サンチョ2世の死で終止符が打たれ、アルフォンソ6世が兄の王位を継いだ。その後はイスラームの支配地への領土拡大に力を注ぎ、中央山地からタホ川にかけての地域を王国に組み入れた。これにより、王は自らを2つの宗教の皇帝と称した。領内の修道院に、いわゆる「クリュニー改革」を導入し、モサラベあるいはトレド式の典礼をローマ典礼に改めたのもアルフォンソ6世である。

**アルフォンソ6世像**　サバティーニ公園、マドリード

3 キリスト教諸国

### オルドーニョ2世からアルフォンソ9世まで

　オルドーニョ2世はレオン王国の歴史上、重要な国王のひとりである。ナバーラ王サンチョ・ガルセス1世と同盟を結び、領土の拡大と強化に努めてアブデラマン3世の軍勢を撃退した。924年に死亡すると、当時アストゥリアス国王であった弟のフルエラ2世がその王位を継いだ。これにより大王アルフォンソが分割した領土は再び、ひとりの王のもとに統一された。

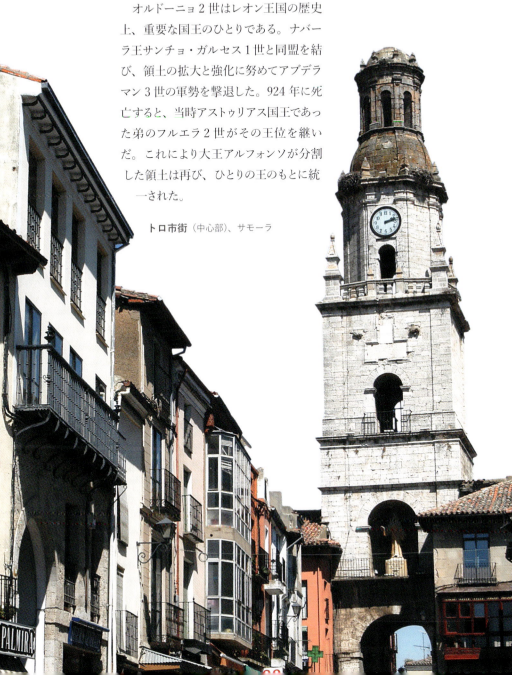

**トロ市街**（中心部）、サモーラ

## スペイン王家の歴史

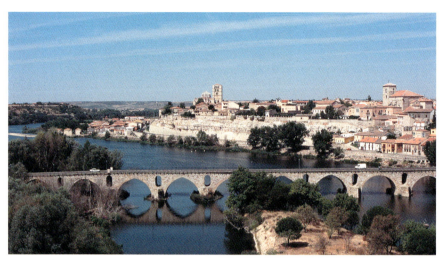

サモーラ全景

　フルエラ2世は日和見主義で、争いを好まなかった。後ウマイヤ朝軍がナバーラ王国のパンプローナを奪取したときも、消極的な姿勢しか示さなかったので、レオンとナバーラの間で長く続いてきた同盟が解消された。

　フルエラ2世の死後、後継者をめぐって不和が生じ、内戦に発展。結局、オルドーニョ2世の息子アルフォンソ4世が王位に就いた。

　アルフォンソ4世はナバーラのヒメノ朝と婚姻関係を結び、同盟を回復に成功する。精神性を重んじ争いを好まなかった王は、妻の死後、弟ラミーロ2世に王位を譲りサーグン修道院に隠遁した。

ドゥエロ川や中央山地まで領土を広げたのが、アルフォンソ5世（在位999～1028）である。教養があり洗練された君主のもと、独自の芸術が興り、行政システムも飛躍的に発展した。

　さらに大王フェルナンド1世は、カスティーリャ伯領を併合し、イベリア半島の諸王国を封土とする強大な王国を作り上げる。しかし1065年に死亡すると、相続のために王国は再び分割される。サンチョは王の称号とともに、後のカスティーリャ＝レオン王国となるカスティーリャ伯領を

フェルナンド2世（在位1157～1188）『トゥンボA』所集の細密画、サンティアゴ・デ・コンポステーラ大聖堂文書館

譲り受けた。アルフォンソ6世はレオン、ガルシアはガリシア、ウラーカはサモーラ市を受け継いだ。

　分割をきっかけとする息子同士の不和は、『わがシッドの歌』（作者不詳。12〜13世紀に書かれたとされる叙事詩）で世に知られるところとなった。サンチョ2世がベリード・ドルフォスによって暗殺された後、エル・シッドはアルフォンソ6世に、兄の死にかかわっていないと誓わせた。宣誓式が行われたのは、ブルゴスのサンタ・ガデア城門である。

　伝説はさておき、アルフォンソ6世は実際に、レオン、カスティーリャ、ガリシアの王として領土を再統一し、教皇グレゴリウス7世により、「ヒスパニア諸王国の皇帝」の称号を認められた。

　その数代あとのアルフォンソ9世もすぐれた国王のひとりである。その治世下の1188年、サン・イシドロ大聖堂で初めてコルテス（身分制議会）が召集された。ヨーロッパ初の身分制議会であり、ここにおいて個人と集団の権利が保障された。この議会で討議されたテーマは、中世ヨーロッパにおける先例となり、王国の正当性の根拠である封建制を根付かせるのに役立った。第2回のコルテスは、1202年ベナベンテで開催され、レオン王国および国民のための経済の原則と権利が定められた。3回目は、再びレオンで召集された。アルフォンソ9世の時代、レオンは政治的にも法的にも堅固な独立国家となった。しかし1230年、レオンとカスティーリャは再び統合される。聖王フェルナンド3世の治世のことである。

### ■ 女王ウラーカ（1080〜1126）

　父であるアルフォンソ6世の死により、レオン王国を受け継いだ。ウクレスの戦いで弟サンチョが死亡し、王位を継ぐ男子がいなかったからである。夫ブルゴーニュ伯ライムンドが死亡すると、新たにアラゴンのアルフォンソ1世と結婚した。貴族たちは、カスティーリャ・アラゴン両国が夫婦のものとなり、いずれその息子によって統一されるのを恐れ、婚姻に反対した。ペドロ・フロイラン率いる貴族の反乱の後、ウラーカは最初の夫との子、アルフォンソ・ライムンデスを王位継承者として指名する。さらに1114年、アルフォンソ1世との結婚を解消。1126年に死亡するまでひとりでレオンとカスティーリャの女王を務めた。

ウラーカ女王（在位1109〜1126）像
レティーロ公園、マドリード

# スペイン王家の歴史

―― 王の居城 ――

# レオンのサン・イシドロ教会
## レオン王国の王廟

中世の宮廷は次々と場所を変えていったため、王たちはハプスブルク家の城やブルボン朝の宮殿のように、住まいとしてひとつの城を持つのが難しかった。代わりに王族の永遠の住処となる墓の建設に早くから取り組んだ。レオンでは、アルフォンソ5世がサン・フアン・バウティスタ（聖ヨハネ）とサン・ペラーヨ（聖ペラギウス）を祀る質素な寺院を建て、王族の墓所とした。これを改修したのがアルフォンソ5世の娘サンチャとその夫フェルナンド1世で、1063年にはサン・イシドロの遺骸を納めた。それ以来、この寺院はサン・イシドロ教会と呼ばれている。

王家の霊廟は寺院の最下部にあり、外から直接入ることはできない。内部は3廊式になっており、十字形の柱がリブヴォールト（円天井の一種）を支えている。ここに眠る王族の主だった人物だけでもアルフォンソ4世、ラミーロ2世、ラミーロ3世、アルフォンソ5世、サンチョ1世、フェルナンド2世、ベルムード1世、フェルナンド1世の妻サンチャ、女王ウラーカの名が挙げられる。1808年、ナポレオン軍によって冒涜されたときここには23人の王、2人の王子、9人の伯爵の墓があった。分散した遺骸を識別し、分類するのは非常に困難な作業だったという。

豪華な壁画で飾られた霊廟の内部は、まさに「ロマネスク芸術のシスティーナ礼

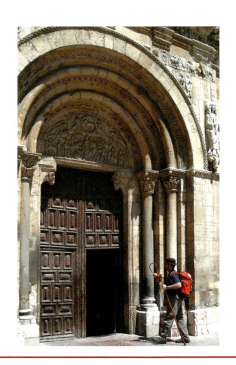

## ■ アルフォンソ7世の宮殿

レオンの聖テレジア小学校の校庭にある古い建物。貴族の住まいだろうとされているが、昔から、アルフォンソ7世、あるいはベレンゲーラの皇居と呼ばれてきた。歴史的に非常に価値があるにもかかわらず、知る人ぞ知る建物である。言い伝えどおり、実際に王たちが出入りしていたようではあるが、それを証明する文書は見つかっていない。建物は3層に分かれ、保存状態の良い1階と2階に対して、3階は基部と、切り石積みの壁が角に残るのみとなっている。

拝堂」と呼ぶにふさわしい。フレスコ画の多くは宗教的なもので、受胎告知からキリストの栄化、全能のキリスト、ヘロデ王の幼児虐殺、最後の晩餐、そしてキリスト捕縛や聖ペテロの否認といった受難の場面に至るまで、さまざまな題材が描かれている（ちなみに全能のキリストを囲む4人の福音史家は、それぞれを象徴する動物の顔になっている）。また宗教画以外にも、アーチに描かれた農業暦など世俗的な装飾や、フェルナンド1世とサンチャといった実在の人物の絵が残されている。王家の給仕など宮廷で働く人々も描かれているが、陶工が実はラ

**サン・イシドロ教会**
ロマネスク様式の表門と概観

ングドックの聖ジルだったり、兵士に見立てられているのがトゥールの司教や聖マルティヌスである様子から、画家はどうやらフランス出身だったと思われる。

サン・イシドロ教会は12世紀、女王ウラーカによって拡張された。3廊式のバシリカ型寺院で、身廊と翼廊の交差部分が広く、祭室からは半円形をした3つの後陣が張り出している。上部に大きな窓のある、どっしりした塔はロマネスク様式。教会内部に目を戻すと、天井を高くして高半円アーチを連ね、市松模様で縁取られた窓を並べて、中央身廊を長く見せるための工夫が施されているのがわかる。

全体に感じられるイスラーム装飾の影響が、建物の個性につながると同時に、当時の文化の多様性をうかがわせる。微光のなかに浮かび上がる太い柱、目を見張るほどにみごとな彫刻……。まさに中世そのものの空間になっている。

教会への入口として、精緻な彫刻が施された大きな門が2つある。「子羊の門」「赦しの門」と呼ばれるこれらの門は、12世紀の初めに南側の壁に据えられた。

サン・イシドロ教会の
王室霊廟の回廊

## 3 キリスト教諸国

## 11世紀のレオン王国

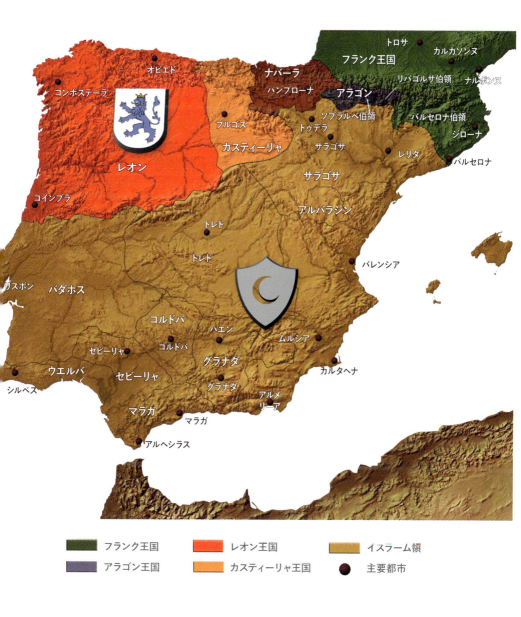

# カスティーリャ＝レオン王国

カスティーリャが固有の地名として初めて文献に登場するのは 800 年のことである。当時は、アストゥリアス王国の一伯領だった。レコンキスタ初期、ここにカンタブリア人、アストゥール人、バスク人、ゴート人が再入植し、独自のロマンス語であるカスティーリャ語、つまりスペイン語が生まれた。しかし王国として歩み始めるのは 931 年、カスティーリャ伯フェルナン・ゴンサレスが登場してからである。

### カスティーリャ伯領の独立：
### フェルナン・ゴンサレス

　カスティーリャは、もとはレオン王国に属する伯領だった。住民の多くはカンタブリアとバスコン出身で、独自の司法制度を持っていた。『西ゴート法典（フエロ・フスゴ）』に基づくレオン王国とは異なり、市民判事が司法を担っていた。もとを正せばカスティーリャ伯領も、アストゥリアス王国の属領に過ぎない。しかし歴代のカスティーリャ伯は司法だけでなく、行政や軍事にも権限を持ち、次第に強大な自治権を獲得していった。やがてフェルナン・ゴンサレス（在位 931〜970）が圧倒的な政治手腕でいくつもの伯領を統合し、カスティーリャ伯領の独立を宣言する。こうして、後のカスティーリャ＝レオン王国の基礎が築かれた。

　言い伝えや、1250〜1271 年に書かれた作者不詳の叙事詩によれば、フェルナン・ゴンサレスはララ（現ララ・デ・ロス・インファンテス）の城内で育ち、929 年、レオン王国の東部境界域を統括する任務に就いた。わずか 2 年後にはブルゴス、ララ、ランタロン、セレソ、アラバの各伯領を支配下に入れ、932 年にはすでに複

フェルナン・ゴンサレス像
オリエンテ広場、マドリード

3 キリスト教諸国

### 女王ベレンゲーラ（1180～1246）

カスティーリャ=レオン王アルフォンソ8世と、妻のプランタジネット家レオノールの長女。1180年にセゴビアで生まれた。レオン王アルフォンソ9世と結婚するが、近親婚を理由に離縁され、カスティーリャに戻った。弟エンリケ1世が幼いうちに父が死亡したため弟の摂政を務め、その弟が死亡すると王位を継いだ。その後、息子フェルナンド3世に王位を譲り、最も優れた助言者となった。カスティーリャの修道院を保護し、ブルゴスとトレドの大聖堂の工事を自ら監督した。1246年、ブルゴスのサンタ・マリア・デ・ラス・ウエルガス王立修道院で死亡した。

**ベレンゲーラ女王像**
レティーロ公園、マドリード

数の文書でカスティーリャ伯と名乗っている。カスティーリャ伯としてイスラーム勢力の手にあったマヘリット（マドリード）の城塞への襲撃に参加したが、結局マヘリットを取り返すことはできなかった。

1年後、レオン王ラミーロ2世の助勢を得てオスマとサン・エステバン・デ・ゴルマスを防衛し、934年、ついにカスティーリャ軍はイスラーム教徒を潰走させた。この戦いによって威信を高め、権力を増した結果、フェルナン・ゴンサレスはレオン王国に対して不服従の姿勢を示すようになった。

レオン王ラミーロ2世との対立は次第に激しくなった。ラミーロ2世がカスティーリャの支配権をサンチョ王子とアンスル・フェルナンデス伯に与えると、決裂は決

**フェルナン・ゴンサレスの詩** スペイン国立図書館

# スペイン王家の歴史

### 👑 カスティーリャ伯

- 932〜970　フェルナン・ゴンサレス（カスティーリャ、アラバ、ララ、ブルゴス、レオン伯）
- 970〜995　ガルシア・フェルナンデス（カスティーリャ、アラバ伯）
- 995〜1017　サンチョ・ガルシア 良法王（カスティーリャ、アラバ伯）
- 1017〜1029　ガルシア・サンチェス（カスティーリャ、アラバ伯）

定的となった。一方、フェルナン・ゴンサレスは後ウマイヤ朝と、ある種の同盟を結んでいたようだ。それゆえイスラーム教徒はカスティーリャ伯領ではなく、レオン王国西部へと侵攻した。951年、ラミーロ2世の死でレオン王家が危機を迎えたのを機にフェルナン・ゴンサレスは次々に自らや一族の政略結婚を決めて有力な同盟関係を手に入れ、後ウマイヤ朝のアル・ハカム2世と停戦協定を結ぶ。さらに時間をかけて、カスティーリャ伯領の世襲領主という地位をアル・ハカム2世に保証させた。フェルナン・ゴンサレスが死亡すると、息子ガルシア・フェルナンデスがその地位を継ぎ、カスティーリャ伯の世襲制は確立された。

　フェルナン・ゴンサレスの遺体は、

ガルシア・フェルナンデス（在位970〜995、カスティーリャ、アラバ伯）像　マドリード王宮

サン・ペドロ・デ・アルランサ修道院に埋葬された。しかし19世紀、その遺体は妻サンチャの遺体とともにサン・コスメ・イ・サン・ダミアン・デ・コバルビアス参事会教会（ブルゴス）へと移された。

### カスティーリャ=レオン王家

カスティーリャ伯領は、1035年までナバーラ王国に併合されていた。その年、ナバーラの大王サンチョ3世が死亡すると、カスティーリャは独立を取り戻して王国に昇格する。1037年にはフェルナンド1世がレオン王国を併合し、初代の国王となる。そして、イスラーム世界の分裂に乗じて軍事遠征を一時的に中断し、王国の行政・司法・立法の再編に取りかかった。同時に、取り戻した土地への再植民にも着手した。

フェルナンド1世の死後、息子たちは平定された領土を受け継ぎ、バダホス、セビーリャ、トレド、サラゴサのタイファ

サンティアゴ騎士団の書（細密画21枚目）ブルゴス公文書館

諸国を従え、貢納の義務を課した。しかしその7年後には、王国はその王子たち、サンチョ2世（カスティーリャ）、アルフォンソ6世（レオン）、ガルシア（ガリシア）によって新たに分割された。その後、カ

アルカサバ城壁　バダホス

# スペイン王家の歴史

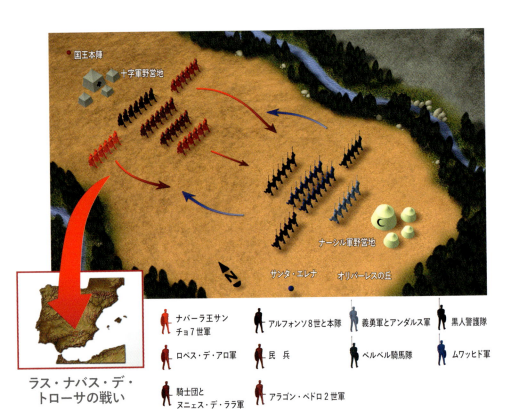

ラス・ナバス・デ・トローサの戦い

| | | | |
|---|---|---|---|
| ナバーラ王サンチョ7世軍 | アルフォンソ8世と本隊 | 義勇軍とアンダルス軍 | 黒人警護隊 |
| ロペス・デ・アロ軍 | 民兵 | ベルベル騎馬隊 | ムワッヒド軍 |
| 騎士団とヌニェス・デ・ララ軍 | アラゴン・ペドロ2世軍 | | |

　スティーリャとレオンの王位が、アルフォンソ6世によって再び統合される。その治世下、王国はグラナダ、バレンシア各王国までその勢力を拡大した。イスラームの君主たちはカスティーリャに貢納金を支払っていたが、両国間の商業や経済の交流は盛んだった。またサンティアゴの巡礼路を通して、クリュニー派の改革がカスティーリャに浸透した。

　状況ががらりと変わったのは1085年である。その年、アルフォンソ6世はトレドのタイファを征服した。そこで、イスラームの君主たちが北アフリカのアルモラビデ朝に支援を求めたため、カスティーリャ=レオンは何度も手痛い反撃にあう。これにより内紛が引き起こされ、王国はすっかり弱体化した。アルフォンソ6世はイベリア半島諸王国の皇帝を自称していたにもかかわらず、ブルゴーニュ出身の貴族アンリと結婚した自らの娘テレサによって、ポルトガルの分離独立をはかられた。

　アルフォンソ6世が死亡すると王国は再び分裂し、カスティーリャはサンチョ3世の支配下に入った。サンチョ3世は冷

静沈着な調停者だったが、有力貴族であるララ家とカストロ家の争いにより、アルモアデ朝の侵攻に十分対抗できなかった。それゆえ市民議会の軍隊や、アルカンタラ、カラトラーバ、サンティアゴの騎士団に国境の防衛を担わせることとなる。ラ・マンチャとエストレマドゥーラで牧畜業を始めたのは、これらの騎士団である。

アルフォンソ8世時代の大半はレオン、ナバーラ、タイファ諸国の支援を受けて、領土拡大が行われた。アルモアデ朝は王国にとって常に脅威だったが、1212年、ラス・ナバス・デ・トローサの戦いで、カスティーリャ・ポルトガル・アラゴン・ナバーラ連合軍が勝利をおさめる。その少し前の1197年、レオンのアルフォンソ9世はカスティーリャ王女ベレンゲーラと結婚し、1201年に後のフェルナンド3世が誕生した。フェルナンド3世はカスティーリャとレオン両方の王位を継承し、両王国を完全に統一した。

### 👑 カスティーリャ＝レオン国王・女王

- 1037〜1065　フェルナンド1世　大王
- 1065〜1072　サンチョ2世　強王
- 1072〜1109　アルフォンソ6世　勇敢王
- 1109〜1126　ウラーカ
- 1126〜1157　アルフォンソ7世　皇帝
- 1157〜1158　サンチョ3世　待望王
- 1158〜1214　アルフォンソ8世　高貴王　ナバス・デ・トローサの王
- 1214〜1217　エンリケ1世
- 1217　　　　ベレンゲーラ　大女王
- 1217〜1230　フェルナンド3世　聖王（カスティーリャとレオンの完全統一）

フェルナンド3世像
彫刻、ルイス・ロルダン、セビーリャ大聖堂

### 🟥 聖王フェルナンド3世（1201〜1252）

フェルナンド3世は、カスティーリャ、レオン両王国を完全に統一した。これは、母である女王ベレンゲーラの巧みな外交のおかげでもあった。統一後は、統一に異を唱えた反乱貴族を平定し、イスラーム領の征服を推し進めた。コルドバ（1236年）、ハエン（1246年）、セビーリャ（1248年）などの都市を奪い、グアダルキビル川流域を手に入れて、イベリア半島の大半をその領土とした。しかし1252年、北アフリカ征服に着手しようとした矢先に死亡する。ローマ・カトリック教会によって、1671年に列聖された。

スペイン王家の歴史

王の居城

# ラス・ウエルガス修道院
## 女子修道院長の王国

　ブルゴス近郊のラス・ウエルガスは、かつての狩猟地で、カスティーリャの王たちが気晴らしのために足繁く訪れる場所だった。ここにシトー会の女子修道院を建てたのが、アルフォンソ8世と妻のレオノールだ。高貴な身分の女性だけが入ることを許された黙想の場は同時に、騎士の叙任の舞台でもあった。やがてそこに、王家の霊廟という役割が加わった。

　たびたびの増築を経て、ロマネスク、ムデハル、ゴシック、ルネサンスなどの様式が混在する現在の建物は、どこか要塞を思わせる。堅牢な塔と寺院へと続く「騎士たちの柱廊」が、そうした印象を与えるのだろう。

　建物は大きく「外廊」「内廊」に分かれている。外廊は教会、「サン・マルティン廟所」「サン・フアン廟所」「サン・フェルナンドの回廊」に通じ、内廊は守衛室や修道女の宿泊所、その他の隣接する建物とつながっている。

　教会は13世紀を代表するゴシック建築である。5つの後陣がある祭室、3つの身廊、広い神廊（身廊と翼廊が交差するところ）からなる。非常に簡素な直線的な建物で、装飾といえば年代ものの一連の豪華なタペストリーだけ。日陰の人目につかない一角に飾られており、技巧を凝らした王家の墓の彫刻のみがその豊かな意匠を見つめている。

　教会の南に、サン・フェルナンドの回廊がある。13世紀の初め頃、フェルナンド3世の治世にゴシック様式で建てられた。個性的な尖頭アーチ天井の梁間（はりま）のいくつかには、交差迫持、唐草模様

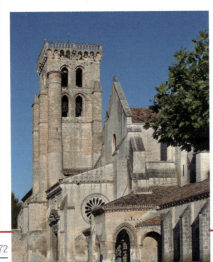

サンタ・マリア・デ・ラス・ウエルガス王立修道院　概観とファサード近景

のレリーフ、城砦やクジャクなどをモチーフにしたイスラーム・スペイン式の石膏細工が残っている。回廊のまわりには、修道女が祈りをささげるための礼拝堂が並んでいる。

修道院には、「リカス・テラス（高級織物博物館）」が併設されている。修道院の墓の埋葬品が展示されている珍しい博物館で、12〜14世紀にかけて王や貴族が使っていた布、衣服、装飾品が幅広くコレクションされ、中世の服飾と繊維工芸品の変遷がよくわかる。たとえば子どもの衣類ひと揃え、モーロ風の服、ふちなし帽、靴、指輪などが展示されている。なかには革の裏地がついた「ペリョーテ」という14世紀に特徴的な裾長の上着もある。「ラス・ナバス・デ・トローサの軍旗」の名で知られる、貴重なアルモアデ朝のタペストリーも見ることができる。これは1212年の戦いの際にアラブ人から奪い取ったもので、ミラマモリンの名で知られるアルモアデ朝の君主ナーシルのテント入口の幕だったといわれている。金糸、銀糸、絹糸で織られたタペストリーは、長さ3.3メートル、幅2メートル。中央の大きな星のまわりに、アラーの加護を求める祈りを表すアラビア文字が織り込まれている。

## ■ 王家の霊廟

自分と妻だけでなく、末裔まで葬ることができる霊廟を持ちたい。これこそが、アルフォンソ8世をラス・ウエルガス修道院建設に駆り立てた一番の動機だったに違いない。しかしその霊廟も独立戦争のときにナポレオン軍の襲撃で大きく破損し、多くの豪華な埋葬品が失われた。このとき、教会の入口の柱廊にあるラス・ナバス・デ・トローサの戦いに参加した騎士の墓も荒らされた。

教会の内部には、アルフォンソ8世の息子であるエンリケ1世の墓、アルフォンソ10世賢王の息子フェルナンド・デ・ラ・セルダ王子の多色石の墓、フェルナンド3世聖王の母ベレンゲーラ女王の墓などがある。そして中央身廊の4頭のライオンが支える石造りの棺のなかでは、アルフォンソ8世とその妻レオノールが眠っている。娘で2代目修道院長を務めたコンスタンサ王女の墓もここにある。最も新しいのは、1629年に亡くなったアナ・デ・アウストリアの墓。フアン・デ・アウストリアの庶子で、やはり修道院長だった女性である。

サンタ・マリア・デ・ラス・ウエルガス王立修道院　概観、ブルゴス

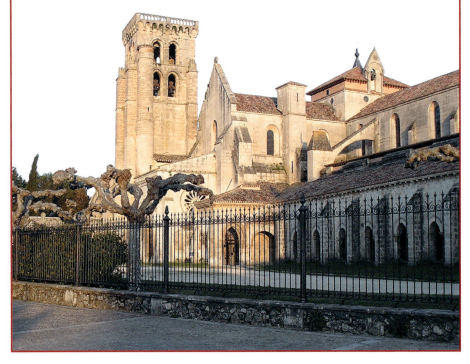

# カスティーリャ王国

聖王フェルナンド3世によって、カスティーリャとレオンの両王国は完全に統一された。カスティーリャ王国は軍事的な強国で、聖王の息子である第2代の賢王アルフォンソ10世（1221～1284）の功績によって、重要な文化の砦にもなった。アルフォンソ10世は、キリスト教、ユダヤ教、そしてイスラーム教文化の融合を成しとげた。

## カスティーリャの偉大なる君主

### ブルゴーニュ家

　ブルゴーニュ朝からは、6人の君主が生まれた。聖王フェルナンド3世（在位1217～1252）は王国の統一を実現し、イスラーム領に侵攻して領土拡大を図った。賢王アルフォンソ10世（在位1252～1284）は、科学者にして詩人という教養に富んだ王だった。勇敢王サンチョ4世（在位1284～1295）は戦略に長けた征服者で王国を平和へと導いた。召喚王フェルナンド4世（在位1295～1312）は治世が短く、母マリア・デ・モリーナは2度摂政を務めることとなる。正義王アルフォンソ11世（在位1312～1350）は、影の王妃レオノール・デ・グスマンを重用した。残酷王ペドロ1世（1350～1369）の死によって、王位はブルゴーニュ家からトラスタマラ朝に移った。

### 賢王アルフォンソ10世（1221～1350）

　「賢王」と呼ばれたアルフォンソ10世は特に注目すべき君主である。フェルナンド3世の長男で、ムルシア王国を征服（1241年）し、1252年に王位を継承。征服王ハイメ1世の娘ビオランテと結婚してアラゴン王国と和平を結んだ。王位に就くとヘレス、メディナ・シドニア、レブリハ、ニエブラ、カディスを獲得し、ムルシアとアンダルシア低地への再植民を促した。

　さらにベアトリス・デ・スアビアの息子という出自を利用し、1257年ドイツ皇帝の称号を手に入れようとする。ザクセン、

**賢王アルフォンソ10世**　版画、スペイン国立図書館

## 3 キリスト教諸国

ブランデンブルク、ボヘミア、イタリア諸都市の支持を受けて、神聖ローマ皇帝位を要求するが、教皇のあからさまな反対にあい、計画は頓挫。結局、神聖ローマ皇帝には、ハプスブルク家のルドルフ1世が選出された。

皇帝選挙や度重なる軍事遠征に伴う出費により、国王は人気を落とす。王国は深刻な財政危機に陥り、新たな課税と通貨の切り下げを余儀なくされ

残酷王ペドロ1世の死（異母弟エンリケ2世が殺害）
『スペイン王家系譜』（アロンソ・デ・カルタヘナ）細密画、15世紀、スペイン国立図書館

た。打撃はこれだけではなかった。国王自らが編纂した『七部法典』は、早逝した王子フェルナンド・デ・ラ・セルダの長男が王位を継ぐと定めていたが、セルダの弟サンチョ4世が後継者として名乗りをあげる。セルダの息子たちも反乱を起こし、一連の王位争いにより、王国の乏しい財源は枯渇した。

しかしアルフォンソ10世の治世は、文化的には極めて輝かしい時代だった。宮廷には、3つの宗教（キリスト教、イスラーム教、ユダヤ教）の賢者や学者が集い、トレドをはじめムルシア、セビーリャに学術研究・翻訳のための学校が数多く設立された。聖書や

ルドルフ1世像　ブランデンブルク市庁舎正面、ドイツ

スペイン王家の歴史

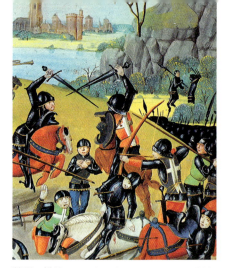

戦闘の様子　15世紀写本、フランス国立図書館、パリ

## 👑 カスティーリャ国王

**ブルゴーニュ家**

- 1217〜1252　フェルナンド3世　　聖王
- 1252〜1284　アルフォンソ10世　　賢王
- 1284〜1295　サンチョ4世　　　　勇敢王
- 1295〜1312　フェルナンド4世　　召喚王
- 1312〜1350　アルフォンソ11世　　正義王
- 1350〜1369　ペドロ1世　　　　　残酷王

コーラン、タルムード、カバラに加え、『カリーナとディムナ』などアラビア語の古典文学が翻訳され、西洋のキリスト教徒に東洋の文化遺産と、その源であるギリシア・ローマ文化が伝えられた。またアルフォンソ10世自らが、文学(『聖母マリアの讃歌集』)や歴史(『スペイン史』『世界史』)、科学(『天文学の知識の書』『貴石誌』など)と多岐にわたる作品を残した。同時に、『フエロ・レアル』『判例法』『七部法典』を公布し、法整備を行った。これらの法律は、ヨーロッパの潮流だった「慣習法」に従いながら、ローマ法も取り入れて作られたため、長くカスティーリャやスペインの法令に影響を与えた。

### トラスタマラ家

1350年、アルフォンソ11世が死亡すると、「残酷王」として歴史に名を残す息子のペドロ1世が王位を継いだ。その治世下、貴族勢力に押されて王権はすっかり弱体化した。婚姻もプラスには働かなかった。というのも、ブルボン家の王女ブランカと結婚するものの当時すでにマリア・デ・パディーリャと愛人関係にあったペドロ1世は、婚礼の数日後にブラン

モンティエル郊外（モンティエル戦場跡地）

## 不能王　エンリケ4世（1425〜1474）

フアン2世に続くエンリケ4世は、寵臣アルバロ・デ・ルナと何度も対立した。不妊を理由に妻のナバーラ王女ブランカを離縁し、ポルトガル王女フアナと再婚する。娘フアナをもうけるが、その父親は寵臣ベルトラン・デ・ラ・クエバだった。1465年、いわゆる「アビラの茶番」で、貴族たちは王の弟アルフォンソの王位を主張するが、アルフォンソは若くして亡くなる。トロス・デ・ギサンドの協定で、後継者に妹イサベルを指名したが、1470年に結局その決定を撤回した。こうして15世紀、カスティーリャは内戦状態となった。

エンリケ4世　ステンドグラス（中世）、アルカサル（セゴビア）

カと離縁したからである。フランスとの関係は崩れ、トラスタマラ家のエンリケ率いる反乱が拡大した。

エンリケは、アルフォンソ11世とレオノール・デ・グスマンの息子で、ペドロ1世の異母兄弟だった。当時、100年戦争の最中だったフランスとイングランドの対立を受け、トラスタマラ家がフランスの支援をとりつけると、ペドロ1世はvを味方につけた。フランスはイングランドを迎え撃つ艦隊を提供しようというエンリケを援護するため、ベルトラン・ドゥ・ゲクラン率いる傭兵部隊を送りこむ。フランスの支援を受けたエンリケは、1366年にカラオラで王位継承を宣言、ペドロ1世をモンティエルの戦い

エンリケ4世像　オリエンテ広場、マドリード

### 👑 カスティーリャ国王

トラスタマラ家
- 1369〜1379　エンリケ2世 恩寵王
- 1379〜1390　フアン1世
- 1390〜1406　エンリケ3世 病王
- 1406〜1454　フアン2世
- 1454〜1474　エンリケ4世 不能王
- 1474〜1504　イサベル1世 カトリック女王
　　　　　　　フェルナンド5世 カトリック王
　　　　　　　（カスティーリャの配偶者王）
- 1504〜1555　フアナ1世 狂女王（執政はなし）

(1369年)で破った後、全領土を手に入れる。和平交渉の最中に、エンリケ自らペドロ1世を殺害するという最後は血まみれの幕切れとなった。ここでブルゴーニュ家は終わり、トラスタマラ家による新しい時代が始まった。

## 恩寵王エンリケ2世 (1333～1379)

トラスタマラ家で最初のカスティーリャ国王は、「恩寵王」の名で知られている。王位就任を支援した貴族に多くの特権を与えたからである。しかし異母兄弟の残酷王ペドロ1世を殺害したので、「兄弟殺しの王」とも呼ばれる。

その治世初期は困難の連続だった。イングランド、ポルトガル、ナバーラ、アラゴンの攻撃に直面した上、ガリシア、サモーラ、シウダード・ロドリーゴ、カルモナがペドロ1世への忠誠を誓い続けた。エンリケ2世はイングランド・ポルトガル連合軍と対戦し、サンタレムの協定(1373年)の後、西部の国境地帯を平定する。同時にブリオネスの戦い(1373年)でナバーラ王と、アルマサンの戦い(1375年)でアラゴン王ペドロ4世と対戦して勝利する。並行して王位争いで乱れた国の再建に励み、経済の回復を目指して有力貴族に最大級の特権、財産、恩給を与えた(エンリケの恩寵)。

1379年にエンリケ2世は死亡するが、トラスタマラ家はカスティーリャに定着する。しばらくするとアラゴン王国もトラスタマラ家の支配下に入り、1469年に後のカスティーリャ女王イサベルとアラゴン王フェルナンドの結婚によって、同じ血統を持つ両国の統合が決定的になった。

### ♛ カスティーリャ国王

ハプスブルク家
- 1506　　　フェリペ1世 美公
- 1516～1556　カルロス1世 皇帝。息子のフェリペ2世がレオン、カスティーリャ、ナバーラ、アラゴン、カタルーニャ、バレンシア、マジョルカ、グラナダ、ポルトガルの王位を手にし、初めてスペイン王の称号を使用する。

エンリケ2世像　レティーロ公園、マドリード

## 3 キリスト教諸国

### ■ 影の王妃　レオノール・デ・グスマンとマリア・デ・パディーリャ

アルフォンソ11世とペドロ1世の寵妃たちは無冠の王妃と呼ぶにふさわしい。レオノール・デ・グスマン（1310〜1351）は、アルフォンソ11世の愛人で、王に絶大な影響を及ぼして政治問題にも介入した。攻撃的な性格で、宮廷から王妃であるポルトガル王女マリアを追放し、ポルトガルとの戦争を引き起こした。王の死後、レオノール・デ・グスマンは牢に入れられ、未亡人となった王妃の命令で殺された。

一方、マリア・デ・パディーリャ（？〜1361）は、ペドロ1世の愛人で、その死後に王妃として認められた。ペドロ1世がセビーリャのコルテス（1362年）で、ブルボン家のブランカとの結婚以前に、密かに婚姻関係を結んだと誓ったからである。

アルフォンソ11世『王の狩猟の書』細密画、スペイン国立図書館

### ■ マリア・デ・モリーナ　3度の女王（1265〜1321）

レオン王アルフォンソ9世の孫マリア・デ・モリーナは1281年、従甥のサンチョと結婚した。1284年、サンチョがサンチョ4世としてカスティーリャ王となり、王妃となる。サンチョ4世が死亡すると、息子である幼いフェルナンド4世の摂政として統治を行った。この間、従兄弟たちから息子の王位継承権を守らなければならなかった。従兄弟たちはセルダの息子で、サンチョ4世とマリア・デ・モリーナの婚姻が無効だとして後継者の正当性を疑問視し、ポルトガル王とアラゴン王を味方につけた。王位争いはサンチョ4世の死の9年後、教皇の教書により、その婚姻が正当化されたときに終わる。しかしフェルナンド4世が1312年に若くして死亡すると、再び内乱を迎える。マリア・デ・モリーナは、新たに王となった孫のアルフォンソ11世の摂政を務め、死ぬまで責任を全うした。

マリア・デ・モリーナの墓
サンタ・マリア・デ・ラス・ウエルガス王立修道院、バリャドリード

スペイン王家の歴史

王の居城

# アルカサル宮殿
## イスラームの遺産

セビーリャ

　悠久の時の流れのなかで、異なる建築様式が融合してできたのが、セビーリャのアルカサルだ。王族の住居として、また為政者のアンダルシアでの宿泊場所として時代時代に増築され現在の姿に至っている。元は初期キリスト教の教会だったのが、王宮として使われ始めたのは8世紀、街がイスラーム教徒に支配されてからのようである。アラビア式宮殿の部分はアルハンブラと同時代のもので、トレドとグラナダの職人による石膏細工や彩色タイルにイスラームの足跡が見られる。

　敷地は徐々に広げられ、別棟や居室が増えていった。「石膏の中庭」はそのひとつ。1248年のフェルナンド3世によるセビーリャ奪取後、キリスト教国の王として初めてアルカサルに手を加えたのは、その息子アルフォンソ10世賢王であり、

**アルカサル**　宮殿内側と庭　セビーリャ

## 3 キリスト教諸国

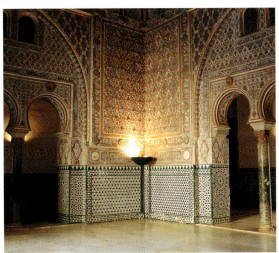

1254年、ゴシック式の大広間を3つ造らせた。1364年にペドロ1世残酷王が建築を命じた宮殿は、イベリア半島に現存するムデハル様式の非宗教的建築物の代表となっている。

アルカサルへは、「ライオンの門」から入る。この門は、1894年ホセ・ヘストソにより彩色タイルのパネルで覆われたため、アルモアデ朝の名残りはない。7世紀のアラブの城壁のなか「旗の中庭」を抜けると「正義の間」がひっそりと建つ。14世紀、アルフォンソ11世の治世に建てられた四角形の居室で、天井は木の格間(ごうま)が施されている。「正義の間」と境を接する「石膏の中庭」は、中央の池に映えるアーチが美しい。ペドロ1世のムデハル式宮殿のファサードを間近に仰ぐ「狩猟の中庭」も忘れてはならない。

隣接する「提督の部屋」は最初に「インディアス通商院」が置かれた場所で、マゼランの世界一周計画もここで練られたという。石膏の中庭と狩猟の中庭に囲まれた一角には18世紀に建てられた居室がいくつかある。かつてここにはゴシック様式の宮殿があった。当時の面影は今も「マリア・デ・パディーリャの浴槽」、礼拝堂、「カルロス5世の間」でしのぶことができる。

宮殿を囲む庭も、アルカサルの真髄といえる。テラス状に配置され、いくつかの区画「舞踏の庭」「トロイの庭」「マキュリーの庭」「ガレー船の庭」「花の庭」「王子の庭」に分かれている。オレンジの木とヤシの木が多く植えられ、噴水や東屋(あずまや)があちこちに配置されて、独特の魅

**アルカサル** 宮殿の付属建造物。セビーリャ

ムデハル様式の宮殿に近いマーキュリーの庭の中央の池に立つマーキュリーの像は、庭園名の由来にもなっている。1576年にディエゴ・デ・ペスケラが製作した。その奥には古い城壁の上にそびえる「グロテスク模様の回廊」が見える。以前は神話をモチーフにした壁画で飾られていたが、今ではほとんど元の絵は残っていない。

アルカサルはこれまでいく度も王家の歴史の舞台となってきた。1521年のカルロス1世とイサベル・デ・ポルトガルの結婚式、1848年のモンペンシエ公の長女の誕生、1995年のエレナ王女とハイメ・デ・マリチャラル氏の結婚式が、特に重要な出来事といえよう。

力あふれる庭になっている。庭全体が植物の香気に包まれる春は、また格別といえよう。

## ■ ペドロ1世　残酷王の宮殿

カスティーリャ王ペドロ1世の命で1364年に造られたムデハル様式の宮殿は、セビーリャのアルカサルを象徴する建物のひとつになっている。内部は「乙女の中庭」に面した公用部分と、「人形の中庭」に続くプライベートな空間に分けられ、美しい彩色タイルと、ムデハル様式の格間で装飾された広間に目を奪われつつ回廊を巡っていくと、やがてアンダルシアのムデハル様式の傑作、乙女の中庭に出る。右手には「王の寝室」「大使の間」「カルロス5世の間」がある。上の階に並ぶ王族用の個室は、18世紀に改装されたものだ。1755年のリスボン地震によってムデハル様式の建物全体に被害が出たためバロック様式を用いて居室や礼拝堂の改築が行われた。礼拝堂でひときわ目を引く「ラ・アンティグアの聖母」の祭壇画は、18世紀にディエゴ・デ・カスティリェホが描いている。この宮殿は、ペドロ1世残酷王とマリア・デ・パディーリャの秘められた愛の舞台だった。1361年に疫病ペストのために宮殿の居室で亡くなった若き愛妾を、当時の年代記作家は「聡明で小さな体の美女」と描写した。彼女はアロンソ、ベアトリス、コンスタンサ、イサベルの1男3女を遺した。

# 3 キリスト教諸国

## フェルナンド3世統治初期のカスティーリャ王国

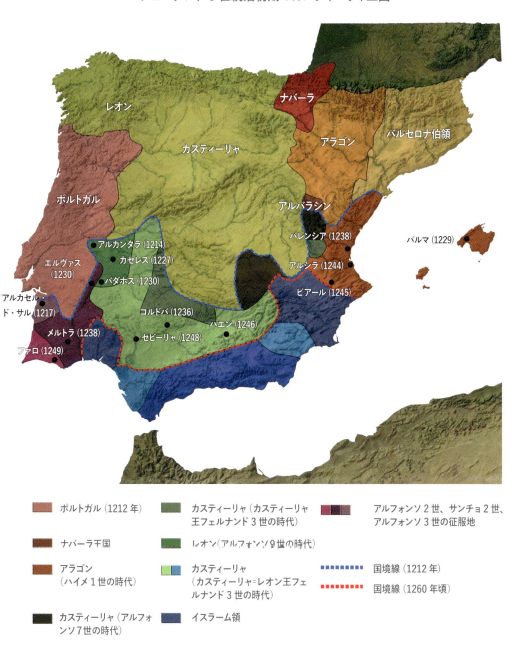

# ナバーラ王国

824年に首都パンプローナ周辺に建国されたナバーラ王国は、パンプローナ王国を受け継ぎ、ピレネー山脈の両側のまったく異なる2つの地域に領土を広げた。ピレネー山脈の南、高ナバーラと、現在のフランス領にあたるピレネー山脈の北、低ナバーラである。高ナバーラがアラゴン王国の支配下に入る16世紀まで、両地域は統合されていた。

8世紀のイスラーム教徒の侵入以降ナバーラの領土は、フランク王国の支援を受けたキリスト教徒が、山間部で最も活動的だった拠点のひとつである。パンプローナ王国を名乗り、カロリング王朝臣下のキリスト教徒領として、政治的に組織された。最初の君主はイニゴ・アリスタで、王朝の創設者とされる。中世を通して、エブロ川の先までその支配を広げ、ピレネー山脈の南は現在のアラゴン、カンタブリア、カスティーリャ・イ・レオン、リオハ、バスク、山脈の北はフランスの

**イニゴ・アリスタ像**
オリエンテ広場、マドリード

## ナバーラ国王

**パンプローナ王国**
**イニゴ・アリスタ朝**

- 810〜852　イニゴ・アリスタ
- 852〜870　ガルシア・イニーゲス
- 870〜905　フォルトゥン・ガルセス

**ヒメノ朝**

- 905〜925　サンチョ・ガルセス1世
- 925〜931　ヒメノ・ガルセス
- 925〜970　ガルシア・サンチェス、931年までヒメノ・ガルセスと共同統治
- 970〜994　サンチョ・ガルセス2世
- 994〜1004　ガルシア・サンチェス2世 驚愕王
- 1004〜1035　サンチョ3世 大王
- 1035〜1054　ガルシア・サンチェス3世 ナヘラの王
- 1054〜1076　サンチョ・ガルセス4世 ペニャレンの王
- 1076〜1094　サンチョ5世・ラミレス
- 1094〜1104　ペドロ1世
- 1104〜1134　アルフォンソ1世 戦闘王
- 1134〜1150　ガルシア・ラミレス 復興王
- 1150〜1194　サンチョ6世 賢王

# 好戦的な国王

## ■ 強王 サンチョ7世（在位 1194～1234）

賢王サンチョ6世とカスティーリャ王女サンチャの息子。非常に長身で、研究によれば2メートル近くあったとされる。コンスタンサ・デ・トローサ（後に離縁）、および神聖ローマ皇帝フリードリヒ1世の娘クレメンシア・デ・ホーエンシュタウフェンと結婚した。本質的に戦闘を好み、義兄弟リチャード獅子心王とともにフランスと戦い（1194年）、1212年、カスティーリャ＝レオン王国のアルフォンソ8世、アラゴンのフアン2世とともにナバス・デ・トローサの戦いに参加した。言い伝えによれば、現在のナバーラ紋章の図案は、その参戦に由来する。サンチョ7世は、イスラーム軍の武将のテントをしばっていた鎖をはずし、それでキリスト教徒の勝利のシンボルを作った。直系の後継者はおらず、その死後、甥のテオバルド1世が王位を継いだ。テオバルド1世は、ナバーラ王国のシャンパーニュ朝を創設した。

アルフォンソ1世「戦闘王」
ポブレ文書（巻物）細密画、サンタ・マリア・デ・ポブレ修道院図書館、タラゴナ

アキテーヌ、ガスコーニュ、オクシタニアまでを領土とした。

何世紀にもわたり、さまざまな王朝がナバーラの王位を継承した。イニゴ・アリスタ朝が消滅すると、ヒメノ朝の最初の君主、サンチョ・ガルセス1世（在位905～925）が王位に就いた。そのころ、パンプローナはキリスト教徒領のなかで最も豊かな都市だった。多くの定住民を抱え、肥沃なアルガ川流域で、サンティアゴ巡礼路の恩恵を受ける場所にあり、経済的にも重要だった。

サンチョ7世「強王」像　マドリード王宮正面

# スペイン王家の歴史

フアン2世（アラゴンとナバーラの王、在位1425～1479） 12世紀の絵画

え た。その中にはカスティーリャ伯領も含まれ、サンチョ3世はその治世下、イベリア半島北部の大半を支配した。サンチョ3世が死亡すると王国は息子たちに分割され、アラゴン王国、カスティーリャ王国、ナバーラ王国となった。ナバーラ王国は、ナヘラの王ガルシア・サンチェス3世（在位1035～1054）によって受け継がれた。その後7人の王が王位に就き、強王サンチョ7世（在位1194～1234）が後継者なく死亡すると、続いてフランスの4つの王朝、シャンパーニュ朝、カペー朝、エヴル朝、フォア朝が王位を占めた。

15世紀、隣国アラゴン王国におけるトラスタマラ家の創設は、ナバーラ王国にとって重大な危機となった。1441年、ナバーラ女王ブランカ1世が死亡すると、女王の寡夫であるアラゴン王フアン2世は、妻が遺言で後継者と指名した息子、ビアナ皇太子カルロスの代わりに、自ら

ヒメノ王朝の大王サンチョ3世は、領土拡大の立役者である。1004年に王位に就くと、ナバーラ王国とアラゴン伯領を継承し、広大な領土をその支配下に加

## ■ 高貴王　カルロス3世（1361～1425）

悪王カルロス2世とフアナ・デ・バロイスの息子で、その後継者。カスティーリャ王エンリケ2世の娘レオノール・デ・トラスタマラとの結婚で、両国間の争いに終止符を打った。また1404年には協定により、ナバーラ支配下にあったノルマンディー地方の領土を交換し、フランスの王国と折り合いをつけた。折衝力、調整力があり、経済危機においては、ナバーラの資力にみあった平和主義的政策を行った。王家を無条件に支持する貴族の地位を高め、芸術と文学を奨励。その治世の間にパンプローナのゴシック様式の大聖堂を完成させ、タファーリャとオリテの宮殿を建設している。さらに、ナバーラの王位継承者の称号、ビアナ皇太子を創設した。

# 3　キリスト教諸国

ナバーラ王を名乗った。こうして、継承者をめぐって社会は混乱し、1461年に皇太子カルロス、1479年にフアン2世が死亡した後も争いは延々と続いた。

ついに1513年、ナバーラ宮廷はカタリーナとアルブレ伯ジャンを廃位し、フアン2世とフアナ・エンリケスの息子、カトリック王フェルナンド2世をナバーラ王に任命する。ブランカ女王の直系子孫であるアルブレ朝の王たちはベアルンに逃げ、王国は低ナバーラに限定された。一方、カトリック王フェルナンドは、制度的にアラゴンに統合しつつも、地方諸特権を尊重した。フェルナンドに続くスペイン国王たちも同様の政策をとり、1841年に、ナバーラは「特権州」となった。

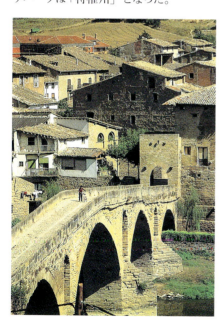

**ローマ橋**　プエンテ・ラ・レイナ、ナバーラ

## 👑 ナバーラ国王

ナバーラ王国

ヒメノ朝
- 1194～1234　サンチョ7世 強王

シャンパーニュ朝
- 1234～1253　テオバルド1世
- 1253～1270　テオバルド2世
- 1270～1274　エンリケ1世
- 1274～1305　フアナ1世（女王）
- 1285～1305　フェリペ1世
  （フランス王フィリップ4世）端麗王

カペー朝
- 1305～1316　ルイス1世
  （フランス王ルイ10世）強情王
- 1316　フアン1世
  （フランス王ジャン1世）遺児王
- 1316～1322　フェリペ2世
  （フランス王フィリップ5世）
- 1322～1328　カルロス1世
  （フランス王シャルル4世）

エヴル朝
- 1328～1349　フアナ2世（女王）
- 1328～1343　フェリペ3世
  （フランス王フィリップ6世）
- 1349～1387　カルロス2世 悪王
- 1387～1425　カルロス3世 高貴王
- 1425～1441　ブランカ1世（女王）
- 1425～1479　フアン2世（アラゴン王）

フォア朝
- 1479　レオノールとフォア伯ガストン1世
- 1479～1483　フランシスコ1世
  （フランシスコ・デ・フェボ）
- 1483～1512　カタリーナとアルブレ伯ジャン

## スペイン王家の歴史

王の居城

# オリテ宮殿
## 要塞から宮殿へ

ナバーラ

　オリテの城塞宮殿は間違いなくナバーラで最も名高い建造物のひとつである。14〜15世紀のフランス建築特有の品格に要塞の物々しさが加わって、独特な雰囲気をかもしだしている。これは塔、石落とし、望楼といった防衛機能を多く備えているからだろう。

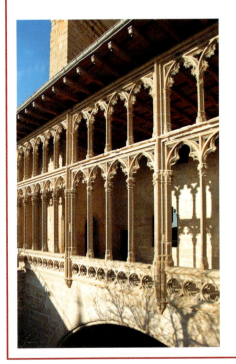

　建物は大きく2つの部分から成り立ち、先に建築された「古城」と呼ばれる部分は、現在ではパラドール（国営ホテル）として利用される。四隅を塔で守られた長方形の建物で、壁の基礎の部分を見るとローマ人の入植地の上に築かれたことがわかる。シャンパーニュ朝の君主たちが居城として、1414年、フランス人建築家ミシェル・ド・ラーンスとジャン・ド・ブルゴーニュがゴシック調の優美な大窓を設計し、華麗な石膏細工で居室を飾った。塔のうちひとつは失われたが、「監獄の塔」「コウノトリの塔」、王室礼拝堂のある「サン・ホルへの塔」の3つは今もそこにある。

　カルロス3世高貴王が名匠マルティン・ペレス・デ・エステリャに新しい翼の建設を依頼したのは1399年のことだった。ほどなくして、今度は王妃レオノール・デ・トラスタマラが、サンタ・マリア教会と市壁の間のスペースを利用して付属建造物を拡張しようと考えた。これによって教会は宮殿の一部となった。宮殿の新たな核となるこの部分の工事が始まったのは

# 3 キリスト教諸国

1401年で、主塔のそばに「撤退の塔」「カタツムリの塔」(1406～1408)、「泉の塔」(1409) が建った。優美につらなる「王の尖頭アーチ」、ゴシック様式でごく狭い「女王の内庭回廊」ができたのもこの頃だ。

1413年、「3つの冠の塔」「園亭の庭」が完成する。園亭の庭は、最もオリテ宮殿らしい場所のひとつだ。庭と建物のほかの部分をつなぐ短い城壁がそのままゴシック様式の大窓で飾られた「玄関上の塔」「4つの風の塔」に続いている。

1415年に「監視塔」「見張り塔」が新たに加わり、内部の装飾も終了して1420年に城塞宮殿は完成した。

ナバーラ王国の君主たちの憩いの場でもあったので、敷地内には果樹が茂り、ライオンの檻や何棟もの鳥小屋、温泉、さらには軽やかな音を響かせる鐘仕掛けまで、さまざまな施設が配置された。斬新な装飾で埋め尽くされた様子を、当時の年代記作家は「どの王の城も宮殿も、この美しさにはかなうまい」と評している。

**オリテの城塞宮殿**
回廊と塔。ナバーラ

# スペイン王家の歴史

しかし栄華の日々は、つかの間だった。カトリック王フェルナンド2世によるナバーラ制圧によって、宮殿の荒廃が始まっていく。ナポレオン軍の侵攻やカルリスタ戦争でも被害を受け、崩壊寸前までに至った。しかしナバーラ特権議員団が救いの手を差し伸べ、建築家ホセ・ヤルノス・ラローサが困難な考証作業の末、1913年に再建を実現したのである。

オリテの城塞宮殿　ゴシック様式の窓

『ビアナ公の幽閉』
油彩、ホセ・モレノ・カルボネロ、19世紀、プラド美術館。

## ■ レオノール・デ・トラスタマラ　オリテの女主人

　オリテの栄華の一翼を担ったレオノール・デ・トラスタマラ（1350〜1415）は、カスティーリャ王国の王女として生まれた。父はエンリケ2世恩寵王、母はその妻フアナ・マヌエルである。1375年5月27日、カルロス3世高貴王と結婚したが、その13年後に夫からの虐待を訴え、カスティーリャへと帰る。1395年に再びナバーラに戻ったものの、夫を避けてオリテ宮殿を住居と定めた。夫と和解してからもオリテを拠点とし、ナバーラ王国とカスティーリャ王国との仲介役として、国家の仕事に積極的にかかわった。ナバーラ女王となったブランカ（1385〜1441）、ルイ・ド・ボーモンの妻でレリン伯爵夫人となったフアナ、マリア、マルガリータ、夭折したイサベル、ビアナ公となったカルロス、ラ・マルシュ伯ハイメ2世の妻となったベアトリスなど多くの子をもうけた。

## サンチョ3世大王治世下のナバーラ王国

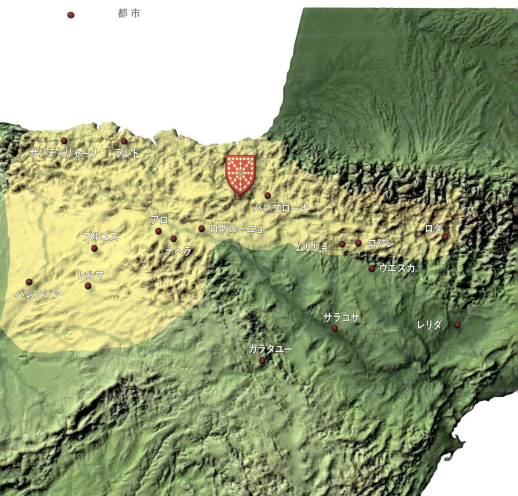

スペイン王家の歴史

# アラゴン王国

アラゴン王国は1035年、アラゴン、ソブラルベ、リバゴルサ各伯領の合併によって誕生した。以前はカール大帝が設置したスペイン辺境領に属する領土だったが、アラゴン王女ペトロニーラとバルセロナ伯ラモン・ベレンゲール4世の結婚によりカタルーニャと統合し、その領土を維持した。

### アラゴン：伯領から王国へ

アラゴン伯領は、アンソ、エチョ、カンフランクの谷に囲まれた中央ピレネーの山間部に生まれた。初めはフランク王国の支配下にあったが、最後のアラゴン伯の娘アンドレゴートとパンプローナ王ガルシア・サンチェス1世の結婚でナバーラに統合され、独立した伯領となった。その息子サンチョ・ガルセス2世はナバーラ王とアラゴン伯の称号を持った最初の君主だった。アラゴン伯の称号をナバーラ王が持つ体制は、1035年、大王サンチョ3世がナバーラ王国を息子たちに分割相続させるまで続いた。そして、その息子のひとり、ラミーロ1世が最初のアラゴン王となった。

以来、王国は急速に領土を拡大した。ペドロ1世はイスラーム教徒を破って1095年にウエスカを、1101年にはバルバストロとサリニェーナを征服。これが、後にサラゴサを奪還する戦闘王アルフォンソ1世の大規模な征服へとつながった。また、ペドロ1世はバチカンの保護のもと、王国を正当化し、キリスト教諸

## 3 キリスト教諸国

### 👑 アラゴン君主

**アラゴン伯領**

- 809〜820　アスナール1世ガリンデス　初代アラゴン伯
フランク王国から独立
- 820〜833　ガルシア1世ガリンデス
- 833〜844　ガリンド・ガルセス
- 844〜867　ガリンド1世アスナーレス
- 867〜893　アスナール2世ガリンデス
- 893〜922　ガリンド2世アスナーレス
- 922〜943　アンドレゴート・ガリンデス
- 943〜1035　アラゴン伯の称号がナバーラ王へ

国の一員となった。

　領土の拡大によって、王国には強固な行政・政治組織が必要になる。特別法が交付され、国王と国民の関係を規定した。両者の合意はアラゴン王国に特徴的な役職、大法官によって監視された。大法官は、貴族、聖職者、市民代表が参加するコルテス（身分制議会）とともに法を管理する役職だった。

　国王は行政権と立法権を担っていた。立法権はコルテスと共同で行使されたが、国王がコルテスを召集し、その長を務めた。また、アラゴン国王が署名の横に添えるマークは独特だった。中世キリスト教諸国の多くが、ローマ教会の伝統である十字を使用していたのに対し、アラゴンでは円の中にX形（ラミーロ1世と戦闘王アルフォンソ1世）や、円の中の四辺形（サ

左頁左：ラミーロ1世像（アラゴン王、在位1035〜1063）
オリエンテ広場、マドリード

左頁右：フスティシア広場　サラゴサ

右：ラ・セオの塔（サン・サルバドール大聖堂）
サラゴサ

## 僧侶王　ラミーロ2世（？〜1157）

　サンチョ1世ラミレスの息子、ラミーロ2世はパンプローナ（1115年）とローダ・デ・イサベナ（1134年）の司教だったが、1134年、アラゴン貴族の意向を受けて、兄の戦闘王アルフォンソ1世の王位を継いだ。これによりラミーロ2世は、ナバーラ、レオンの王たちや教会権力と対決することとなる。レオン王アルフォンソ7世がアラゴンに進軍してくると、ラミーロ2世はカタルーニャへ逃げ、そこで領土回復のために必要な支援を得た。これに感謝し、イネス・デ・ポワトゥとの娘ペトロニーラを、バルセロナ伯ラモン・ベレンゲール4世と結婚させた。こうして、カタルーニャとアラゴンは連合を確立し、アラゴン連合王国が創設された。

ンチョ1世ラミレス）などが使用された。僧侶王ラミーロ2世が使った十字を囲んだ円と、アルファとオメガの文字がぶらさがった鎖のマークは、宗教的な意味が込められていた。

　ラミーロ2世の唯一の後継者は、フランス人貴族イネス・デ・ポワトゥとの晩年結婚で生まれた王女ペトロニーラだった。バルセロナ伯ラモン・ベレンゲール4世の支援を受けて貴族の抵抗を抑え、王権を強化したラミーロ2世は、その遺言にそって娘とバルセロナ伯を結婚させる。その結果、アラゴンとカタルーニャは統合されてアラゴン連合王国が創設された。最初の君主はペトロニーラの息子アルフォンソ2世である。しかし王朝が統合された後も両地域の地方諸特権や習慣は維持された。これらが廃止されるのは18世紀、スペイン王フェリペ5世が即位し新組織王令が発布されて、絶対王権の下、唯一の中央集権国家が誕生したときである。

### 👑 アラゴン君主

**アラゴン王国**

- 1035〜1063　ラミーロ1世
- 1063〜1094　サンチョ1世ラミレス
- 1094〜1104　ペドロ1世 ウエスカの王
- 1104〜1134　アルフォンソ1世 戦闘王
- 1134〜1137　ラミーロ2世 僧侶王
- 1137〜1162　ペトロニーラ（女王）

上：サン・フアン・デ・ラ・ペニャ修道院
アラゴン王国発祥の地

## 3 キリスト教諸国

## 征服への熱意

ウエスカ大聖堂、正門（部分） 13世紀

### 戦闘王　アルフォンソ1世
（1073～1134）

戦闘王アルフォンソ1世は、兄ペドロ1世が後継者を残さず死亡すると、1104年にアラゴン王位に就いた。政治能力に欠けていたが、軍事的素質によって王国の領土拡大に貢献した。エブロ川流域を手に入れ、トゥルーズの公会議で十字軍遠征の支援を獲得すると、7ヵ月間サラゴサを包囲し、1118年にアルモラビデ朝から奪還する。征服への情熱はやまずトゥデラ、タラソナ、ボルハ、エピラ、リクラを獲得し（1119年）、ソリアの再植民を行った（1120年）。特にグラナダ王国への遠征では、アラゴン、ノルマンディー、ベアルヌ軍の先頭に立った。貴重な戦利品を得てエブロ川流域に再植民し、増え続けるモサラベを軍に投入しながら、テルエルからコルドバまで進んだ。聖地に十字軍を進めるため地中海に向かい、メキネンサを占領するが（1133年）、フラガの包囲に失敗する（1133～1134）。レオン女王ウラーカと結婚するが、不和により離婚に至る。アルフォンソ1世の死後、両王国では騎士団が権力を握った。そして抵抗勢力の画策により、アラゴンの王位は弟の僧侶王ラミーロ2世に与えられた。

アルフォンソ1世 戦闘王像
レティーロ公園、マドリード

スペイン王家の歴史

王の居城

# アルハフェリーア宮殿
## "歓喜の城"

サラゴサ

サラゴサの新市街に建つアルハフェリーア宮殿。今は修復されてアラゴン自治州議会本部として使われているが、昔と変わらない景観と感動を訪れる人に与えている。

1074〜1081年にかけて、サラゴサのタイファ（群小王国）の統治者だったムクタディルは、サラゴサ王国の旧市街の外に住居の建設を命じた。アルハフェリーアは彼の正式名にちなんだもので、アラビア語で「ハファルの地」を意味する。しかし建設当時は、「歓喜の宮殿」と呼ばれていた。内部の豪華な装飾、優美な外観、コルドバのカリフたちも取り入れていた要塞宮殿の建築様式からつけられた名前だ。11世紀に宮殿建築が始まる前からここには古く大きな塔があった。当時すでに、築後数百年を経ていたという元の塔の基礎部分は、今も「吟遊詩人の塔」の下層階で見ることができる。

屋根のない四角形の中庭を囲んで宮殿の建物が配置されている。中庭の両側は、直線と曲線を組み合わせたアーチの連なる柱廊だ。その奥には、かつて宮廷儀式が行われた広間や

# 3 キリスト教諸国

王たちの居室があった。北側の柱廊には細やかで美しい石膏細工で埋め尽くされた小さな祈祷室がある。サン・マルティン礼拝堂、中庭の西側のアーケード、ムデハル様式の壮麗な「ペドロ4世の間」はキリスト教国の君主たちによって後に付け加えられたものである。カトリック両王も回廊を1ヵ所と広間を数部屋、そして天井を飾る格間がみごとな「玉座の間」を造らせている。

戦闘王アルノォンソ1世のサラゴサ征服により、アルハフェリーアはキリスト教国の王たちの住まいとなった。言い伝えによればハイメ1世の孫にあたるイサベル・デ・アラゴン、後のポルトガル聖女王はここで誕生した。カトリック両王も暮らしたアルハフェリーアだが、15世紀の終わりには異端審問所の本部となり、1591年のアラゴンの反乱を経た1593年にはフェリペ2世の兵舎が置かれていた。

こうしてアルハフェリーアは、王の居城という役割を終え、ティブルチオ・スパノッ

**アルハフェリーア宮殿**
概観、サラゴサ

キの手で砦として整備された。ハカ砦建設の責任者でもあったこのイタリア人技師は、イスラームの輪郭を損なうことなく改修する術を心得ていた。元の建築にあまり敬意を払わなかったのは、18世紀と19世紀にそれぞれ改修を命じたフェリペ5世、カルロス3世、イサベル2世である。彼らは元のイスラーム的な建材をレンガに替え、ネオゴシック様式の大塔を4本建てたうえに、古典主義の風趣さえ持ち込んだ。宮殿は1931年に国の文化財に指定され、軍事的性格が失われて、1985年にはアラゴン州議会本部となる。このときの工事責任者だった建築家フランシスコ・イニーゲスは、実に30年以上もの歳月をかけて調査を行い、本来の姿を取り戻すよう腐心した。復興を遂げたアルハフェリーアは、ユネスコの世界遺産に登録された。

### ■ 女王のゆりかご

伝説によれば、後にポルトガル女王となる王女イサベル・デ・アラゴンが1271年に誕生したのは、アルハフェリーアの一室だったという。イサベルはアラゴン王ペドロ3世とシチリアのコンスタンツァの娘で、征服王ハイメ1世と神聖ローマ皇帝フリードリヒ2世の孫にあたる。1282年、詩人でもあったポルトガル王ディニスと結婚。以来、高い精神性と強い意志、政治的手腕を発揮する。度重なる夫の不貞にも泣き寝入りすることなく、庶子たちを宮廷に迎え入れ、実子であるコンスタンサ王女（1290〜1313）やアルフォンソ皇太子（1291〜1357）とともに育て上げた。やがて王の婚外子であるアルフォンソ・サンチェス王子が宮廷では影響力を持ち始める。ポルトガル内戦が勃発するとイサベルは自ら仲裁役を買って出て、1321年の終戦に導いた。1325年に夫が他界すると、王族の身分を捨てクララ修道会の修道女となり、1336年に亡くなるが、1625年にカトリック教会によって列聖され、ほどなくサラゴサ県と県議会によって守護聖人に定められた。

**アルハフェリーア宮殿**　内部の部屋、サラゴサ

3　キリスト教諸国

## アラゴン王国

スペイン王家の歴史

# バルセロナ伯領

バルセロナ伯領は、801年、スペイン辺境領の一部として誕生した。スペイン辺境領はピレネー山脈の南の広大な地域で、フランク王国に属するいくつかの伯領から成り立っていた。各伯領の権力が次第に強くなり、やがてそれぞれが独立を果たす。バルセロナ伯領の独立は988年のことである。

8世紀、フランク王国とイスラーム勢力の対立の中でスペイン辺境領が形成された。ピレネー山脈南部の広大な地域にフランク王国に属する小伯領が集まったもので、これらはフランク王国にとってイスラーム勢力の侵攻を防ぐ自然の壁、ピレネー山脈を補強する役割を担っていた。そのひとつがバルセロナ伯領である。

785年にジローナを奪取した後、ルドビコ・ピオ率いるフランク軍はバルセロナを獲得。810年にバルセロナ伯領の首都とした。伯領の実権はフランク王国出身の貴族が握っていたが、カタルーニャの諸伯領とフランク王国の結びつきは、次第に弱くなっていった。

バルセロナ伯領が自治を強めていった背景には、世襲制が生まれたことと、他

モンセラート修道院と山々　バルセロナ

3 キリスト教諸国

ルドビコ・ピオ
フランク王

ギフレ「多毛伯」像
オリエンテ広場、マドリード

の小伯領を吸収して領土を広げていったことがある。こうした政策を推進したのが、多毛伯ギフレである。カタルーニャ州旗の基になった4本縞の紋章の作者としても知られるギフレが、897年に死亡したときには、バルセロナの他にビックとジローナも領土に加わっていた。

10世紀の終わり、思いがけない出来事によってバルセロナ伯領独立の機運が高まった。985年、バルセロナがアル・マンソール軍の攻撃で壊滅的な被害を受けた折に、モンセラートに難を逃れたバルセロナ伯ブレイ2世がフランク王に支援を要請したが、聞き届けられなかったからだ。まもなくカロリング朝は消滅、カペー朝が王位に就き、新しいフランク王が忠誠の誓いを求めてきたが、ブレイ

2世は耳を貸さなかった。

それ以降、バルセロナ伯領はイスラームの土地を獲得しながら南下する一方で、北方の地域と婚姻同盟を結び領土を広げ、存在感を増していった。例えばラモン・ベレンゲール3世は、女伯ドゥースと結婚してプロヴァンス伯領を併合した。決定的だったのは、ラモン・ベレンゲール4世とアラゴン王女ペトロニーラの婚姻同盟だろう。これにより、2人の息子であるアルフォンソ2世（バルセロナ伯としてはアルフォンソ1世）が、バルセロナ伯領とアラゴン王国を統合した。こうしてアラゴン連合王国が誕生したが、それぞれのコルテスと地方諸特権は維持された。

以降、バルセロナ伯の称号はアラゴ

## ■ ラモン・ベレンゲール4世（1113～1162）

バルセロナ、ジローナ、オソーナ、サルダーニャ、リバゴルサの伯であり、アラゴンの王位継承者ラモン・ベレンゲール4世は、1113年バルセロナに生まれた。1131年に父親からバルセロナ伯を継ぐと、戦闘王アルフォンソ1世の死去に伴うアラゴンの王位争いに介入。これをきっかけにラミーロ1世の娘で王位継承権を持つペトロニーラと結婚する。領土拡大にも熱心で、南はイスラーム教徒からトルトサを獲得（1148年）、西はレリダ、フラガ、メキネンサを手に入れた。またプランタジネット家のアキタニア公エンリケ2世や、ホーエンシュタウフェン家の赤ひげ王、皇帝フリードリヒ1世らと条約を結びヨーロッパ主要国と同盟関係を築いた。ラモン・ベレンゲール4世の死後、長男がバルセロナ伯の称号とともに母の持つアラゴン王位も受け継ぎ、アラゴン連合王国の最初の君主、アルフォンソ2世となった。次男ペドロは、アラゴン王の臣下としてサルダーニャ伯領とカルカソンヌ、その他の所領を受け継いだ。ラモン・ベレンゲール4世の遺体は、多毛伯ギフレ以降の歴代バルセロナ伯が埋葬されているサンタ・マリア・ダ・リポイ修道院（ジローナ）に埋葬されている。

ラモン・ベレンゲール4世（在位1131～1162）像　レティーロ公園、マドリード
ホーエンシュタウフェン家紋章（ラモン・ベレンゲール4世と同盟）

ン王家と結びつき、さらに 16 世紀からはスペイン王家と結びついてきた。ただし 1641〜1652 年までは、フェリペ 4 世とオリバーレス伯公爵に反旗を翻したカタルーニャ政府が称号をフランスのルイ 13 世に譲り渡した。1659 年、スペイン王家はピレネー条約によって称号を取り戻したものの、王位継承戦争中の 1702〜1714 年にかけては王位を請求していたオーストリア・ハプスブルク家のカール大公の手に渡った。バルセロナ伯位が最終的にスペイン王国のものになったのはユトレヒト条約（1713 年）以降だった。

##  バルセロナ伯

ラモン・ベレンゲール 4 世以降、バルセロナ伯の称号はアラゴン連合王国の君主が所有し、カルロス 1 世以降はスペイン国王が所有してきた。現国王の祖父フアン・デ・ブルボンは亡命中、王の呼称ではなく、バルセロナ伯の称号を名乗っていた。王政復古後の 1978 年、フアン・カルロス 1 世は正式にバルセロナ伯の称号使用を父に許可した。1993 年、フアン・デ・ブルボンの死去に伴ってバルセロナ伯位は再びスペイン国王の手元に戻り、そのまま現在に至る。

**バルセロナ伯**

- 1018〜1035　　ベレンゲール・ラモン 1 世
- 1035〜1076　　ラモン・ベレンゲール 1 世
- 1076〜1082　　ラモン・ベレンゲール 2 世
- 1082〜1096　　ベレンゲール・ラモン 2 世
- 1096〜1131　　ラモン・ベレンゲール 3 世
- 1131〜1162　　ラモン・ベレンゲール 4 世

## ベレンゲール・ラモン 1 世 (1005〜1035)

ラモン・ボレイ 1 世の息子ベレンゲール・ラモン 1 世は 1018 年、未成年のときにバルセロナ伯位を継いだ。母エルメシンダ・デ・カルカソンヌは、精力的かつ野心的な女性で 1023 年まで後見人および摂政を務め、その後も権力に関わり続けた。気弱で優柔不断なベレンゲール・ラモン 1 世は、権力の大部分を貴族たちに委ねていたが一方、貴族たちは武勲によって私腹を肥やすことができないため、イスラーム教徒に対する平和的政策を非難していた。しかしベレンゲール・ラモン 1 世は争うことなくウルジェイ伯アルメンゴルを臣下におさめ、アンプリアス伯ヒュー 1 世、バザルー伯ギリェルモ 1 世、サルダーニャ伯ギフレ 2 世とも良好な関係を築いた。またナバーラ、トロサに加え、1032 年にはローマに赴いて教皇とも同盟を結んだ。2 度の結婚をし、1 度目はサンチャ・デ・カスティーリャ（1021 年）と、2 度目はギスラ・デ・バルサレニー（1027 年）が相手だった。死後、支配地は息子たちが分割相続した。ラモン・ベレンゲール 1 世はジローナとバルセロナを、サンチョはリョブレガット川からイスラーム領との境までの南側の土地（パネデス伯領）を、ギリェルモはオソーナ伯領を受け継いだ。

ベレンゲール・ラモン 1 世　ポプレ文書（巻物）細密画　サンタ・マリア・デ・ポプレ修道院図書館（タラゴナ）

スペイン王家の歴史

王の居城

# ビラマジョール王宮
## 女王ペトロニーラの住まい

　バルセロナ県リナルス・デル・バリェスからわずか5キロの場所にある絵に描いたように美しい村サン・ペレ・デ・ビラマジョール。ここにバルセロナ伯の夏の別荘があったことをしのぶよすがは、教会の隣に建つ「赤い塔」だけである。

　元はイベリア人やローマ人が住んでいた土地に9世紀頃、小さな教会を中心とする集落ができた。穏やかな気候と美しい景色に魅かれてラモン・ベレンゲール1世が建てた夏用の住居が、ラモン・ベレンゲール4世とペトロニーラ・デ・アラゴンの時代には、通年を過ごす家となっていた。後にアラゴン王アルフォンソ2世となった夫妻の息子はここで生まれ、ロレタという名の土地の農婦に育てられたといわれている。

　古い資料によると、サン・ペレ・デ・ビラマジョールに最初に宮殿ができたのはラモン・ボレイ1世の時代、つまり10世紀の終わりから11世紀の初め頃のことだ。ラモン・ベレンゲール1世没後の

サン・ペレ・デ・ビラマジョールの赤い塔
全景

# 3 キリスト教諸国

## ■ 女王ペトロニーラ　バルセロナ伯夫人

ペトロニーラ・デ・アラゴンは、サン・ペレ・デ・ビラマジョール王宮の魂である。1136年6月29日、晩婚だったアラゴン王ラミーロ2世の子としてウエスカで生まれた。フランス名家出身の女性イネス・デ・ポワトゥがラミーロ2世に嫁いだのは、アラゴン王国に後継者をもたらすためだった。ペトロニーラわずか1歳で、バルバストロで結婚同盟が締結される。これによりアラゴン王国後継者ペトロニーラはバルセロナ伯ラモン・ベレンゲール4世と結婚することになった。同盟が結ばれると、イネス・デ・ポワトゥはフランスに帰り、ラミーロ2世は聖職に戻った。王の称号は保持したものの統治は娘婿の手に委ねた。バルセロナ伯家で育てられたペトロニーラが、ラモン・ベレンゲール4世とレリダ旧大聖堂で正式に結婚するのは、その13年後になる。さらに7年後の1157年、後にアラゴン王アルフォンソ2世となる長子アルフォンソが生まれた。1162年のラモン・ベレンゲール4世没後、ペトロニーラは自身が保持していたアラゴンの王位を息子に譲った。ペトロニーラが亡くなったのは1173年。遺体はバルセロナ大聖堂に葬られた。ラモン・ベレンゲール4世との間には長子アルフォンソと3人の子どもがいる。王子ラモン・ベレンゲール4世はサルダーニャとプロヴァンスの伯爵となり、死後はサンチョ王子が伯位を継いだ。王女ドゥルセ・デ・アラゴンは、ポルトガル王サンシュ1世と結婚して王妃となった。

ペトロニーラとラモン・ベレンゲール4世

1079年、すでに豪華な建物になっていた宮殿とその周囲の土地をめぐって、双子のラモン・ベレンゲール2世とベレンゲール・ラモン2世が争ったことがわかっている。

最後にして最大の改装を、ラモン・ベレンゲール4世は行った。この土地を愛してやまなかった妻のペトロニーラに懇願されたためでもあったが、女王は子どもたちを連れ、ローマの古道をたどりバルセロナからサン・ペレ・デ・ビラマジョールに足繁く通った。夫である伯爵も大勢のお供を引き連れて頻繁にやってきたと伝えられる。一行のなかには宮廷の主要人物も含まれており、伯爵は彼らとともに森へ狩りに出かけるのが常だったという。

宮殿の敷地には、「ラ・フォルサ」（カ

の意）という古い集落も含まれていたが、そのうち今も残るのは、冒頭で述べたように高貴な姿でそびえたつ高さ25メートルの「赤い塔」だけである。

塔は12世紀、13世紀、15世紀と、3度にわたって改築されている。15世紀の改築は、倒壊した宮殿跡地で行われているが、1448年にその地方一帯が大地震に見舞われ、宮殿の建築物が失われてしまったからである。残された貴重な切り石を利用して16世紀に建設された教区教会は1600年、当時のバルセロナ司教イルデフォンソ・コロメールによって祝別を受けた。

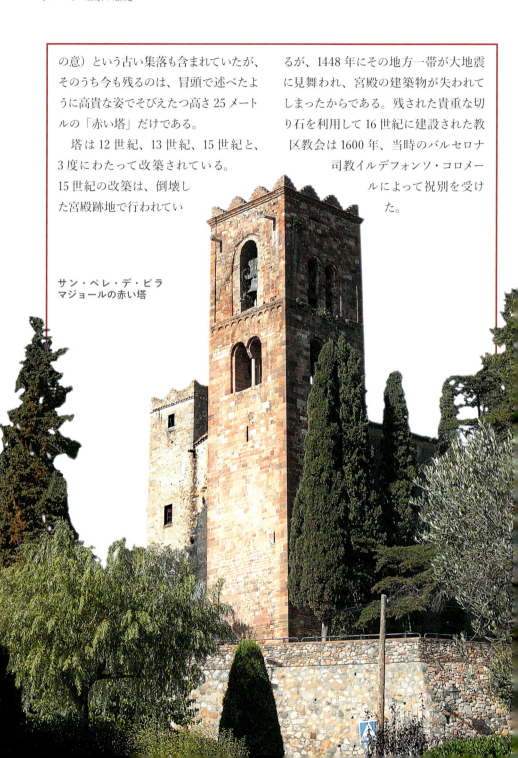

サン・ペレ・デ・ビラマジョールの赤い塔

## ギフレ死亡時のカタルーニャ

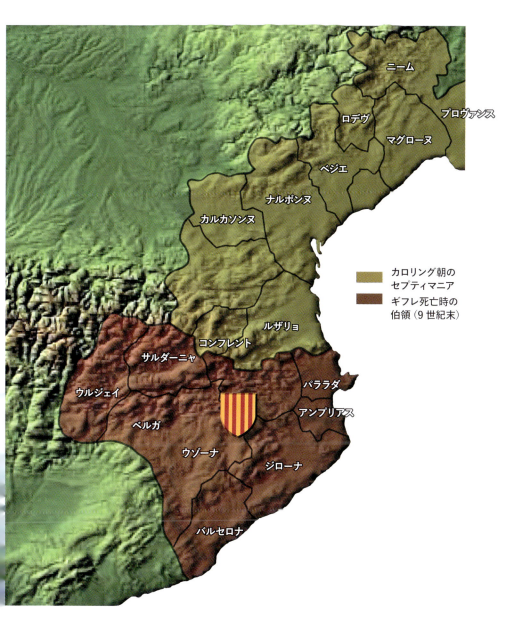

> スペイン王家の歴史

# アラゴン連合王国

1162～1707年にかけて、アラゴン王の支配下にあった領土全体をアラゴン連合王国という。これは公正王ハイメ2世の治世から使われるようになった名称だが、現代歴史学では、アルフォンソ2世がアラゴン王国とバルセロナ伯領をひとりで引き継いだ時以降の名称として使われている。それ以来領土を拡大し、地中海のさまざまな地点に拠点を構えるまでになった。

## アラゴン連合王国の王
## アルフォンソ2世から人情王マルティンまで

アラゴン連合王国は、アラゴン王国とバルセロナ伯領の統合によって生まれたが、統一後もそれぞれが固有の統治体制を維持し、王国の拡大により併合された領土でもそれは同様だった。王国は、ハイメ1世の治世で最大の広がりを見せたが、同王の死に際して分割される。

ハイメ1世は生前の1247年、カスティーリャ王女レオノールとの息子アルフォンソにアラゴンを、ハンガリー王女ビオランテとの息子ペドロにバルセロナ伯領とマジョルカ王国、リバゴルサ伯領を、ペドロの弟ハイメにバレンシア王国、フェルナンドにルザリョ伯領を受け継がせるという遺言を用意した。しかしアルカニスで開かれた最初のコルテスや、1260年の王子アルフォンソの死、フランス国王との条約などにより変更を余儀なくされ、結局ペドロ3世がアラゴン王国とバレンシア王国、バルセロナ伯領を、ハイメ（マジョルカ王ジャウマ2世）がマジョルカ王国と、バルセロナ伯領の支配下にあったルザリョ伯領、コリウール伯領、コンフレント伯領、サルダーニャ伯領を、それぞれ受け継いだ。ペドロ3世はその

**バルセロナのコルテスを取り仕切る公正王ハイメ2世（在位1291～1327）**『緑の書』細密画、アラゴン王国古文書館、バルセロナ

**ペドロ3世「大王」** ポブレ文書（巻物）細密画　サンタ・マリア・デ・ポブレ修道院図書館、タラゴナ

後、ホーエンシュタウフェン家のコンスタンツァとの結婚によりシチリア王国を併合した。

領土拡大と並行して、立法や政策面でも大掛かりな事業が行われている。地中海の航行について規定した『海事法令集』を編纂し、複数の軍事・商事会社を設立した。これが後の領土拡大に役立った。

アラゴン連合王国の君主たちの気質はさまざまだった。大王ペドロ3世は、王国の地中海進出に全力を注ぐ一方で、特権を保証して反抗的な貴族を抑え込んだ。

息子の自由王アルフォンソ3世（在位1285～1291）はメノルカを併合した君主だが、気弱で貴族の要求に屈しがちだった。その死後は弟の公正王ハイメ2世（在位1291～

## ■ 征服王　ハイメ1世（1208～1276）

カトリック王ペドロ2世とマリア・デ・モンペリエの息子、ハイメ1世の幼少時代は波乱に満ちていた。1213年のミュレの戦いで父が死亡すると、シモン・ド・モンフォールによってその支配地カルカソンヌに監禁され、その後アラゴン貴族の要請に従ってテンプル騎士団に預けられた。テンプル騎士団はモンソン城（ウエスカ）でハイメ1世を育て、その間は叔父のルザリョ伯サンチョが摂政を務めた。20歳で実質的に王国の政権を握ったが、その治世を通して、止むことのない貴族の反乱に苦しんだ。

一方、ラス・ナバス・デ・トロサの敗北（1212年）をきっかけに、イスラーム勢力が弱まりつつあるのを好機と見て領土拡大に着手。マジョルカとメノルカ（1231年）、イビサ（1235年）を征服し、バレンシア王国（1238年）を獲得した。ムルシアのタイファも手に入れたが、これはアルミスラ条約（1244年）によりカスティーリャの賢王アルフォンソ10世に譲っている。

マジョルカの征服は、地中海の覇権の掌握と安定した占領地支配につながった。海上の主要交易路を制して手に入れた豊かな財源を元に、バルセロナ貨幣テルンを発行（1258年）し、アフリカとの交易を促進するなどさまざまな事業にのりだした。1276年に死亡すると、2番目の妻であるハンガリー王女ビオランテ（1216～1251）との間の息子、ペドロとハイメが王国を分割相続した。最初の妻、カスティーリャ王女レオノール（1202～1244）は1229年に離縁され、その息子のアルフォンソは1260年に死亡していた。

1327）が王位を継ぎ、1319年にアラゴン王国、バレンシア王国、バルセロナ伯領の恒久的な統一を宣言。地方政府の支援を受けて貴族を従わせ、アラゴン連合王国を強化した。

慈悲王アルフォンソ4世（在位1327～1336）は、兄ハイメが1319年に修道会に入って王位継承権を放棄したため即位することになる。そのころ、ペストの流行で急激な人口減少が始まりつつあったが、テレサ・デ・エンテンサとの結婚によって、カタルーニャ最後の独立伯領であったウルジェイを併合した。

マジョルカ王国を再び併合した尊儀王

ミカレの塔　バレンシア

## バレンシア王国

かつてデニアからビアにかけて支配していたタイファを、キリスト教徒が征服したことから、バレンシア王国は始まった。新しい王国はアラゴン連合王国に併合されたが、固有のコルテス（身分制議会）や地方諸特権、通貨の鋳造権、民兵組織を有していた。国旗は、センテナール・デ・プロマと呼ばれる100人からなる防衛隊に守られていた。また、2つの言語が併用されていたと見られ、沿岸部の住民はバレンシアなまりのカタルーニャ語を話し、内陸の住民はカスティーリャ語（スペイン語）のレバンテ方言を話していた。バレンシア王国は、アラゴン連合王国の地中海進出を資金面で支える中枢であった。これは初の海事裁判所（1238年）と、初の証券取引所タウラ・デ・カンビス（15世紀）の設立によるところが大きい。またイベリア半島でのルネサンス文化の門戸であり、15世紀には文学が大きく花開いた。バレンシア文学の黄金期であり、時代を代表する文学者に、詩人のアウジアス・マルク（1397～1459）、ヨーロッパ初の騎士道小説『ティラン・ロ・ブラン』の作者ジュアノット・マルトゥレイ（1415～1468）らがいる。

# 3 キリスト教諸国

ペドロ4世（在位1336〜1387）は厳格かつ精力的で、宮廷、行政機関、軍隊を再編して王権を強化した。また遊撃隊を送り込んでアテネ公国とネオパトリア公国を征服（1380年）し、地中海への支配をも強めた。

対照的に、息子の狩猟王とも耽美王とも呼ばれるフアン1世（在位1387〜1396）は、文学や芸術を愛好するが政治や財政能力は乏しく、後の財政破綻の原因を作った。フアン1世が不慮の死を遂げた後に即位した弟の人情王マルティン1世は、経済的危機だけでなく、貴族の抵抗やカトリック教会の分裂がもたらす倫理的・政治的混乱に直面した。

## アラゴンのトラスタマラ家

人情王マルティン1世とマリア・デ・ルナの間に生まれた4人の息子は全員、父より先に他界した。王の死後に空位となった王座をめぐって、マルティンの庶子ファドリケ、アンジュー公ルイ、ウルジェイ伯ジャウマ、そしてカスティーリャ王子、トラスタマラ家のフェルナンドの4人が名乗りをあげた。2年に及ぶ王位継承権争いは1412年のカスペ会議で決着し、教皇ベネディクトゥス13世の後ろ盾がものをいい、フェルナンドが選出された。

こうしてカスティーリャ同様、アラゴンでもトラスタマラ朝が始まった。フェルナンド1世は先人たちの拡大政策を継承し、次の高邁王アルフォンソ5世も1443年にナポリ王国を征服、アラゴン連合王国の地中海支配を決定づけた。また、アルフォンソ5世はルネサンス期の君主の多くと同じく、文学や文化を保護した。

**左頁**：**教皇ベネディクトゥス13世と妻レオノール・デ・アルブルケルケの間で祈るアンテケーラのフェルナンド**　ベネディクトゥス13世の聖務日課書細密画、バチカン博物館

**アルフォンソ5世高邁王（部分）**　作者不詳、15世紀。ナポリ美術館

# スペイン王家の歴史

後を継いだ弟の大王フアン2世(1398~1479)は、フアナ・エンリケスとの結婚によってナバーラ王国を併合した。フアン2世はナバーラ王として15世紀で最も長く在位した。

1469年、後のアラゴン王フェルナンドとカスティーリャ女王イサベル、すなわちカトリック両王の結婚によって2王国は統合された。しかしその後も両国は固有の政治制度を維持していた。つまりアラゴンでは会議と副王の両方が効力を持っていた。さらに1494年にはフェルナンドの発案でアラゴン会議が設置された。この会議は副法官1人と、6人の執政官(ア

**ハイメ1世 征服王** ハイメ1世年代記『事実の書』(部分) アラゴン王国古文書館、バルセロナ

### 👑 アラゴン連合王国　国王

同じ君主でも、領土により代の数え方が異なる。例えばアラゴン王ペドロ3世はバレンシア王ペドロ1世であり、バルセロナ伯としてはペラ2世と称される。しかし通常、貴族の序列において王が伯より上にあるため、ここではアラゴンの称号で記述する。

- 1162~1196　アルフォンソ2世
- 1196~1213　ペドロ2世 カトリック王
- 1213~1276　ハイメ1世 征服王
- 1276~1285　ペドロ3世 大王
- 1285~1291　アルフォンソ3世 自由王
- 1291~1327　ハイメ2世 公正王
- 1327~1336　アルフォンソ4世 慈悲王
- 1336~1387　ペドロ4世 尊義王
- 1387~1396　フアン1世 狩猟王または耽美王
- 1396~1410　マルティン1世 人情王

**空位期間 (1410~1412)**

- 1412~1416　フェルナンド1世　アンテケーラの王
- 1416~1458　アルフォンソ5世 高邁王
- 1458~1479　フアン2世 大王

**アルフォンソ3世 自由王**(在位1285~1291)像
レティーロ公園、マドリード

3 キリスト教諸国

ラゴン王国担当が2人、バレンシア王国担当が2人、カタルーニャ公国、マジョルカ、サルデーニャ担当が2人）から成る司法および行政の最高機関だった。

バレンシアの同業者組合（ギルド）の乱（1521年）や、マジョルカのジョアノット・コルムの乱（1523年）といった地方の反乱の間にあっても、アラゴンの体制は盤石だった。しかしフェリペ2世統治下の1591年、同王秘書官であったアントニオ・ペレスが、ドン・フアン・デ・アウストリアの秘書官暗殺のかどで追われ、アラゴン大審院長官に庇護を求めたときに、ペレスをかくまった大審院長官をフェリペ2世が処刑したため、地方特権が揺らぎ始めた。

さらに1635年、フランスに抗してカタルーニャに歩兵連隊を展開させたことをきっかけにアラゴンとスペイン王室の対立は決定的となる。紛争は、1640年の刈り取り人暴動で悪化。カタルーニャのジェネラリタット（バルセロナ議会）がフランスのルイ13世を君主として迎える一方で、暴動を続ける民衆は副王ドン・ダルマウ・ダ・カラルトを殺害した。ピレネー条約（1659年）で紛争に終止符が打たれたが、スペイン継承戦争で再び、対立が表面化する。アラゴンはハプスブルク家のカール大公を支持したが、アンジュー公フィリップが最終的に勝利し、フェリペ5世として即位する。これに伴い新組織王令が発布されると、地方の市民権と関税境界を定めていた地方諸特権が廃止され、自治領としてのアラゴン連合王国は抜本的に改編されていった。

**カルカソンヌ城壁**　フランス

■ マリア・デ・ルナ　王妃と摂政（1358〜1406）

政治力と才能に富み、高い教養の持ち主だったマリア・デ・ルナは、アラゴン連合王国の中でも誉れ高い王妃である。初代ルナ伯とブリアンダ・ダグーの娘で、わずか14歳でアラゴンのマルティン王子と結婚した。4人の子どもをもうけるものの、成人したのは唯一、シチリア王マルティンだけだった。

義理の兄である狩猟王フアンが1396年に亡くなると、当時シチリアの戦争に赴いていた夫マルティンがアラゴン王位に就いた。不在中はマリアが摂政を務め、フォア伯や前王の未亡人ビオランテ・デ・バルから王位を守りとおした。1年後、マルティン1世はシチリアから戻り、サン・サルバドール・デ・サラゴサで戴冠する。優雅で公正で洗練されたマリア・デ・ルナは常に弱者の味方だった。教皇ベネディクトゥス13世のとりなしで農奴を苦しめる「悪しき慣習」を廃止させるなど活躍したが、1406年にバレンシアにいる夫の元へ向かう途中、ビジャレアルで不慮の死を遂げた。

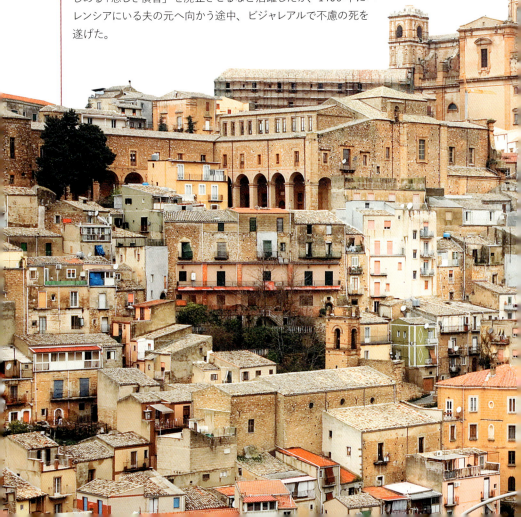

## フェルナンド1世　アンテケーラの王（1379～1416）

トラスタマラ家のフェルナンドは、カスティーリャ王フアン1世とアラゴン王ペドロ4世の娘レオノールの息子として、バリャドリードのメディナ・デル・カンポで生まれた。

1395年、カスティーリャに広大な領地を持つレオノール・デ・アルブルケルケと結婚する。1406年に兄のカスティーリャ王エンリケ3世が死亡すると、跡継ぎが未成年だったため、フェルナンドが摂政を務めた。ほどなくしてアンテケーラを獲得（1410年）、アンテケーラの王として歴史に名を残すことになる。

人情王マルティンの死後、王位継承権争いを経て1412年に即位。アラゴンのトラスタマラ朝が始まった。即位後は王室の権力を調整し、身分制議会とジェネラリタット（バルセロナ議会）に有利となる協定を結び、王位継承争いでウルジェイ伯ジャウマを支持していたカタルーニャ貴族の支援をとりつけた。また歴代の王と同じく地中海政策にも取り組み、サルデーニャを平定し、次男である後のアラゴン王フアン2世を副王に任命してシチリアに介入。エジプトのスルタンや、フェズの王とさまざまな協定を結んだ。1416年にバルセロナ近郊のイグアラダで35歳の若さで死去。サンタ・マリア・デ・ポブレ修道院の王家の霊廟に埋葬された。

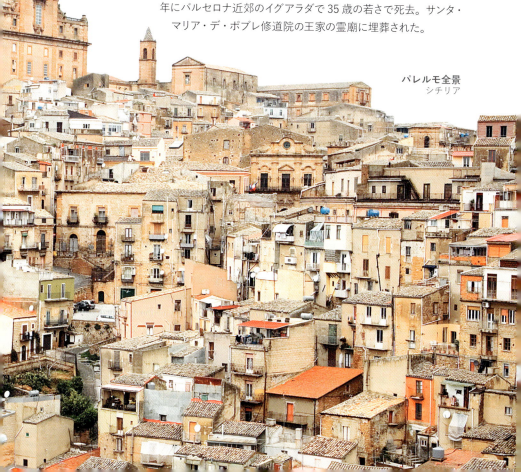

**パレルモ全景**
シチリア

スペイン王家の歴史

――― 王の居城

# レアル・マジョール宮殿
## バルセロナ・ゴシック地区の心臓

　かつてバルセロナ伯が住み、その後アラゴン国王の住居となったレアル・マジョール宮殿は、この地中海都市の歴史が詰まったゴシック地区の中心にある。中世ヨーロッパの様式がみごとに融合した建築群のうち、現在残っているのは3つだけである。まずはペドロ4世尊儀王により、1359～1362年にかけて建築された「ティネイの間」。この下にはローマの古代都市バルシーノと、西ゴート時代の都市が眠っている。2つめの「サンタ・アガタ王室礼拝堂」は1302年、アラゴン王ハイメ2世とその妻が建てた。時代は下って1549年、スペイン国王カルロス1世が指揮を執り、「リョクティネン宮殿」が築かれた。

　レアル・マジョールの名が初めて文献に現れたのは1116年であり、当時レアル・メノールと呼ばれる建物があったので、区別するためにこう呼ばれた。メノールのほうは現在のサン・ミケル広場にあったが、1847年に取り壊された。

　12世紀に、それまであった建物を取り壊して、新しい宮殿の建設が進められた。現在のバルセロナ大聖堂の場所にあったロマネスク様式の原始キリスト教聖堂の隣からサン・イウ広場までのあたりだ。今も残る外階段では、新大陸から帰還したコロンブスを、カトリック両王自ら出迎えたと伝えられている。

　13世紀になると王国の繁栄に伴い、さらに広い住まいが必要となった。そのため増築がなされ、その内部が壁画で彩られた。これらの絵は現在、バルセロナ歴史博物館に保存されている。当時できた新館のひとつが、ティネイの間だ。四角形の建物で、6個の大きな半円アーチ

「王の広場」とレアル・マジョール宮殿　バルセロナ

が平らな屋根を支えている。

1302年、サンタ・アガタ王室礼拝堂の完成で増築工事は終了した。典型的なゴシック様式の建物だが、隣接する壁はローマ時代のものだ。内側から宮殿へとつながっており、王が宗教儀式に参加するときの特別席も設けられていた。頭上にいただく塔はすらりとした八角形で、14世紀の初めに造られた。宮殿全体に仕上げを施したのはポルトガルの元帥と呼ばれたアラゴン王ペドロ5世であり、バルセロナ伯だったわずかの間に、ティネイの間の暖炉、礼拝堂のタイルやアラゴンとシチリアの武器、アルフォンソ・デ・コルドバによる多彩色画など、いくつもの装飾を残した。

リョクティネン宮殿とマルティン王の展望台は16世紀に建てられた。マルティン

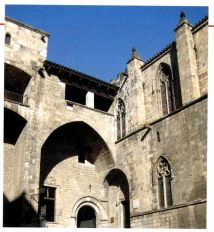

サンタ・アガタ王室礼拝堂　バルセロナ

王の展望台とは背の高い長方形の建物で、5層に分かれたそれぞれに半円アーチの回廊が設けられている。リョクティネン宮殿は後期ゴシック様式の四角い建物で、ルネッサンスの影響も感じられる。20世紀の終わりまでここには「アラゴン王室資料館」があり、いにしえの王国に関する重要な古文書を守り伝えていた。

### ■ 王の居城から異端審問所へ

16世紀、レアル・マジョール宮殿は、王の住居から異端審問所となった。ティネイの間は小さく区切られ、それぞれ扉がつけられた。そのうちのひとつ、上に切妻壁がある扉は現在、マレー美術館の入口として使われている。1835年に公布された永代所有財産解放令によってサンタ・アガタ王室礼拝堂は荒れ果てた。建築家アドルフォ・フロレンサとホアキン・ビラセカの尽力で元の壮麗なゴシック式の外観を取り戻したのは、1940年代になってからのことだった。

マルティン王の塔　バルセロナ

## アラゴン連合王国の地中海進出

3 キリスト教諸国

 アラゴン連合王国

アラゴン連合王国征服地

都市

アラゴン連合王国の地中海における貿易拡大

# マジョルカ王国

マジョルカ王国の歴史は 1231 年、征服王ハイメ 1 世が島を征服した時に始まる。ハイメ（ジャウマ）1 世の死後は遺言により、息子ジャウマ 2 世が支配する王国となった。王国はバレアレス諸島、ルザリョ伯領、サルダーニャ伯領、そしてモンペリエ、カルラデス、オメラデスの各所領から成り立っていた。

## 戦略的飛び領土

支配面積はわずかだが、マジョルカ王国は戦略的に重要な飛び領土だった。ヨーロッパの 2 大勢力、フランスとアラゴン連合王国の間にある上に地中海交易の主要航路を支配していたからだ。本来マジョルカはアラゴン王国の属領であり、独立王国ではなかった。しかし征服王ハイメ（ジャウマ）1 世の遺言を無視した息子のジャウマ 2 世は、アラゴンへの従属を拒否。対立を繰り返した挙句、アラゴン連合王ペドロ 3 世との間でペルピニャン条約が結ばれ、マジョルカ王国はアラゴンの君主とコルテス（身分制議会）の支配を受ける従属国となった。

アラゴンの臣下とはいえ、ジャウマ 2 世は農地開拓を大々的に推し進めて王家の収入を増やし、北アフリカとグラナダ王国に領事館を置いた。同時に排他的金融システムを作り、貴族と聖職者に対

パルマ・デ・マジョルカの大聖堂

# 王国の建国者

**マジョルカ港**
タブロー（部分）、15世紀

**征服王ハイメ（ジャウマ）1世** サバティーニ公園、マドリード

して王の権威を再認識させた。その後を継いだ弟の平和王サンチョ1世は、前王の政策であった造船の大プロジェクトを推し進めていった。

サンチョの遺言で後継者に指名された甥のジャウマ3世は「軽率王」として世に伝えられている。即位時わずか9歳だったので、王が未成年の間にマジョルカを手中におさめようと画策するアラゴン連合王国に対抗するため、摂政会議が設置されている。

### 👑 マジョルカ国王

- 1231～1276　ハイメ（ジャウマ）1世
　　　　　　　征服王　建国者
- 1276～1285　ジャウマ2世
- 1285～1295　アルフォンソ3世　自由王
- 1295～1311　ジャウマ2世
- 1311～1324　サンチョ1世　平和王
- 1324～1349　ジャウマ3世　軽率王

## ジャウマ2世(1243〜1311)

征服王ハイメ(ジャウマ)1世とハンガリー王女ビオランテの次男。1276〜1311年までマジョルカ王、ルザリョ伯、サルダーニャ伯、モンペリエ領主、オーベルニュ・カルラデスの副伯、オメラデス男爵として統治した。イスラームの支配下にあったメノルカも、ジャウマ2世に貢納していた。フォア伯の娘エスクララムンダ・ド・フォアと結婚し、6人の子をもうけている。しかし兄であるアラゴンの大王ペドロ3世と対立していたため、マジョルカにはコルテス(身分制議会)もなく、体制が整っていなかった。結局はアラゴン王に忠誠を誓わざるを得なくなるのだが、これが後のアラゴン連合王国への最終併合の誘因となった。人文学者ラモン・リュイを保護したことでも知られている。その治世にバレアレス諸島のテンプル騎士団の所有地が収用され、アラゴンに併合された。

マジョルカ王ジャウマ2世刻印 軍事博物館、バルセロナ

1325年、摂政会議はアラゴンの莫大な負債を免じることで、アラゴン王にマジョルカ王位を断念させた。これにより併合の危機からいったん脱したものの、王国は重大な財政危機に陥ってしまい、そのためジャウマ3世はアラゴンに対し、これまでどおりの従属的姿勢を取り続けざるをえなくなる。その結果、ジェノバ共和国との戦いに巻き込まれ、王国は主要な市場のひとつを失う。状況を打開しようと島内のユダヤ人社会に新たに税を課す手段に出るが、不満を招いただけで何の解決にも至らなかった。

1341年には、アラゴンの尊儀王ペドロ4世はジャウマ3世に戦いを仕掛け、バレアレス諸島を制圧、王の財産をすべて没収した。ジャウマ3世はフランスの自

パルマ・デ・マジョルカ湾

## 3　キリスト教諸国

左：**マジョルカ征服中のハイメ（ジャウマ）1世の野営地**　ベレンゲール・デ・アギラール宮殿壁画（部分）

下：**ジャウマ3世（1324～1349）の戴冠**　『マジョルカ王の特権の書』　細密画、パルマ・デ・マジョルカ歴史文書館

領に逃げ、抗戦を決意する。ルザリョとサルダーニャをフランス王に売却し、再征服のためにマジョルカ島に乗り込んだが、失敗に終わった。リュクマジョーの戦い（1349年）でジャウマ3世が死亡すると、息子ジャウマや娘イサベルの度重なる抗議もむなしく、王国はアラゴン連合王国に再統合された。

### ■ 軽率王　ジャウマ3世（1315～1349）

ジャウマ2世の孫で、王子フェルナンドとイサベル・デ・サブランの息子。両親の早逝で祖母のエスクララムンダ・ド・フォアに育てられた。固有の王国としてのマジョルカ最後の王である。アラゴンの尊儀王ペドロ4世の姉コンスタンサと結婚し、ジャウマとイサベルをもうけた。マジョルカがアラゴン連合王国に併合された後もこの兄妹は王位継承権を主張した。最初の妻コンスタンサと死別後、ビオランテ・デ・ビララグーと再婚した。

未成年期は摂政会議が執務にあたっていた。成年王となったのは1335年。ペストと飢饉により人口が減少し、財政破綻に陥っていた王国の運営を手に引き受け、海事裁判所の設置（1326年）や宮廷法の公布（1337年）などに取り組んだ。しかし趨勢にあらがえないまま、1349年10月25日、リュクマジョーの戦いで死亡。マジョルカはアラゴン連合王国に併合された。

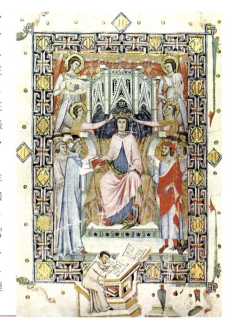

# スペイン王家の歴史

###### 王の居城

# アルムダイナ王宮
## 王の土地

　ジャウマ2世は芸術、とりわけ建築術の守護者と呼ぶにふさわしい功績を残した。フランスはペルピニャンに宮殿を築いた王は、1309年、同じ建築家ポンス・ダスコイに、マジョルカ湾を見下ろす丘にペルピニャンに似た夏の別荘を建てるように依頼した。古いアラブの王宮の跡地の丘は、13世紀の『バルナット・ダスクロット年代記』にも描写されている風光明媚な場所だった。残念ながら建て替えによってイスラーム式アルムダイナ（アラビア語で「小都市」を意味する）の象徴だった174の塔などは失われてしまったが、当時のアーチは残り新しい宮殿の中心部に組み込まれて、イスラームの面影を今に伝えている。

　四角形の新宮殿には、四隅を守るように銃眼付き胸壁のある塔が建てられた。柱廊玄関と、はるかな水平線を臨む非常に美しいゴシック式回廊も造られた。ここに暮らした王たちも、青い地中海の景色を心ゆくまで楽しんだに違いない。

　王が住まいにしていたことは、広間につけられた名称からもわかる。「王の家」「女王の家」「飾りの間」「城の大広間」など、優美な夏の別荘にしては重厚な名が並ぶ。またサンタ・アイナを守護聖人とする王室礼拝堂も、やはりジャウマ2

**アルムダイナ王宮概観**
パルマ・デ・マジョルカ

世が建てたものだ。ゴシック様式の小さな礼拝堂で、1465年にラファエル・モジェが描いた祭壇画がひときわ目を引く。身廊へと通じる簡素ながらも優美な玄関には、この島では珍しいロマネスク様式が用いられている。最も高い塔の先端に立つ天使の形をした風見はペルピニャン生まれの14世紀の芸術家アントニオ・カンプロドンの作品であり、カンプロドンはサルバに協力して、要塞の建設にも携わった。

1963年から国家遺産局によって修復されたアルムダイナ宮殿には現在、バレアレス諸島軍司令部と王室財産資料館が併設されている。内部にしつらえた家具は建設当時のままで、多数のすぐれたタペストリーや軍旗も保存されている。タペストリーは16〜17世紀のフランドル製と18〜19世紀のスペイン製、軍旗のなかには、レパントの海戦で使われたものも残されているという。宮殿の周りにはかつて「王の菜園」と呼ばれた庭園が広がっていた。今では現代風に改修され、噴水や彫刻のある庭園として一般公開されている。米国のアレクサンダー・カルダーや、カタルーニャ出身でマジョルカに暮らしていたジョアン・ミロの彫刻作品も園内に飾られ、来訪者の目を楽しませている。

## ■ ペルピニャンのマジョルカ王宮殿

フランス、ペルピニャンの街の中心に「マジョルカ王宮殿」はある。ゴシック様式の要塞宮殿で、3つの広い中庭の周りに建物が配置されている。設計図を引いたのはラモン・パウ、ペレ・サルバ、ポンス・ダスコイといった名匠たちだ。1276年、この街を王国の永遠の都にしたいと望んだジャウマ2世は、南の丘に宮殿を建設するよう命じた。建材は、主として小石とレンガをモルタルでつないだものが用いられ、門、回廊、階段と主要な塔には、切り石が使われている。この宮殿はルザリョ伯領の黄金時代を象徴し、またペルピニャンがマジョルカ王国の首都であることを示す、ランドマーク的存在だった。周辺にはみごとな庭園や、いくつもの礼拝堂があったが、市街地となった今ではその大半が姿を消した。ルザリョがフランス王国の所有となった後、宮殿は補強されて、難攻不落の砦となった。

ペルピニャンのマジョルカ王宮殿　フランス

## ■ ベルベル城　歴史の証言者

厳密にいえば、王の居城ではなく首都を守る要塞だったベルベル城は、マジョルカ王国の栄枯盛衰の目撃者である。ジャウマ2世が建設を命じて1310年に完成した城は、短命だったマジョルカ王国(1276～1349)の象徴である。アルムダイナやペルピニャンも手掛けたルザリョ出身の建築家ポンス・ダスコイが設計し、地元バレアレス諸島出身のペレ・サルバが施
工したが、ジャウマ2世は1311年に亡くなり、その出来栄えを堪能することができなかった。後継者のサンチョ1世も1324年にこの世を去り、城主はジャウマ3世となった。アラゴンのペドロ4世尊儀王の軍がパルマに押し寄せると、ジャウマ3世はベルベル城に立てこもった。その後リュクマジョーの戦闘を経て、マジョルカ王国は再びアラゴン王国に併合される。ここからベルベル城は波乱の運命をたどった。しばらく刑務所として使われた後、1408年、バルデモッサのカルトゥジオ会の修道士たちの手に渡る。それから、ときには砲台となり、ときにはガレー船の漕刑囚の監獄となり、17世紀にはペスト患者専用の病院にもなった。1701～1714年までのスペイン継承戦争後は軍事用途に充てられたが、ほどなくして刑務所に戻り、ラシー将軍やマルティネス・カンポス将軍といった身分の高い囚人を収容した。政治家兼作家であったホベリャーノス(1744～1811)は、牢獄生活を『ベルベル城の思い出』に著したが、歴史的根拠のある、今読んでも興味深い作品である。

**ベルベル城**　内側の中庭とファサード、マジョルカ島

3 キリスト教諸国

## マジョルカ王国

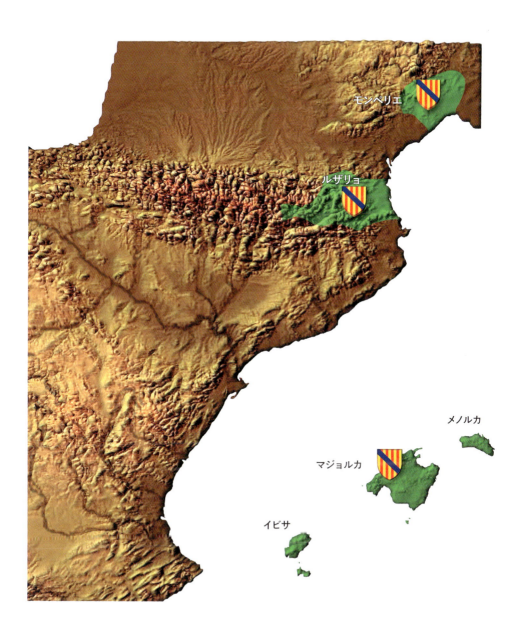

# 4 カトリック両王

イベリア半島統一の立役者──
カスティーリャ女王イサベルと
アラゴン王フェルナンド

スペイン王家の歴史

# カトリック両王

現代スペインの国家形成を決定づけたのが、カトリック両王の治世である。2人の結婚は、2大王家のアラゴンとカスティーリャがそれぞれの法を残しながら統合したことに意味がある。15世紀の初めにフェルナンドが死去した時には、ナバーラの併合とグラナダの征服もなしとげ、半島の統一は揺るぎないものとなっていた。

### カスティーリャ女王イサベルと
### アラゴン王フェルナンド

カトリック両王の統治は、100年戦争が終わって復興したヨーロッパ経済の恩恵に浴した。カスティーリャには毛織物業、アラゴンには商業と初期の手工業という強い経済基盤もあった。その結果、社会は安定し、人文主義の開花より文化が栄えた。しかし宗教対立によって内政面で不安をかかえていた王室は、ユダヤ人とモリスコ（レコンキスタ後、キリスト教徒に改宗してスペインに残ったイスラーム教徒）を追放し、正しい信仰の最高権威として異端審問所を設置し、すべての異分子を排除するという強硬姿勢を打ち出した。

王家の統一により、ローマ時代のヒスパニアのような国が再び誕生した。これは中世のどの王国も目ざしたことだが、二国同盟なくしては成し遂げられなかった。カスティーリャとアラゴンの場合は密接な関係にあったが、それぞれが独自の政治・経済機構や対外政策を維持したことだが、人口と経済だけを見ればカスティーリャの優位は明らかだった。

カトリック両王の政治は、中世の封建制と、18世紀の絶対王政の中間にあった。中

**カトリック女王イサベル1世**　テンペラ画、板、フアン・デ・フランデス、エル・パルド宮、マドリード
**カトリック王フェルナンド2世**　タブロー、作者不詳、15世紀、プラド美術館

# 4 カトリック両王

## ■ カトリック両王の婚姻政策

ハプスブルク家は伝統的に婚姻同盟を基に外交政策を展開していた。「争いは他人に任せておけ。幸いなハプスブルクよ、結婚せよ」という家訓は、15～17世紀のヨーロッパでよく知られていた。

カトリック両王もまた子どもたちのために婚姻政策を推し進め、これによってハプスブルク家とトラスタマラ家が縁続きとなった。長女イサベルはポルトガル皇太子アルフォンソと結婚し、死別後はポルトガル王マヌエル1世に嫁いだ。そのイサベルが死亡すると、マヌエル1世は両王の3女マリアと結婚する。4女カタリーナはイングランド皇太子アーサーに嫁ぎ、死別後はその弟ヘンリー8世と結婚した。また次女フアナは、神聖ローマ皇帝マクシミリアン1世の息子でブルゴーニュのフェリペ美公と結婚する。唯一の息子だったフアンは、皇帝マクシミリアン1世とマリー・ド・ブルゴーニュの娘マルガリータを妻にした。こうして婚姻政策を繰り返した結果、両王の孫カルロスは、イベリア半島、アメリカ大陸、地中海の諸王国に加え、フランドルと神聖ローマ帝国の王位継承者となり、曽孫のフェリペ2世は、ポルトガル王位の継承権を手にした。

**ヘンリー8世の肖像** ハンス・ホルバイン（子）、イタリア国立古典絵画館、ローマ

世のコルテス（身分制議会）は、単なる王の諮問機関である顧問会議（カスティーリャ会議、アラゴン会議）にとってかわられた。そのためコルテスを構成していた貴族、聖職者、市民の各階級は、王の支配下におかれることになる。両王は法律、財政、軍隊、司法を体系化する一方でアメリカ大陸へも進出し、「スペイン」をヨーロッパ最初の強大国に押し上げた。この結婚によってスペインは統一されたイベリア半島の領土を指す呼称となった。

カスティーリャ女王イサベルは1451年、マドリガル・デ・ラス・アルタス・トレス（アビラ）で生まれた。カスティーリャ王フアン2世とイサベル・デ・ポルトガルの3番目の子どもである。兄のカスティーリャ王エンリケ4世の宮廷で育ち、1468年にロス・トロス・デ・ギサンド協定で王の後継

**祈るポルトガル王夫妻・マヌエル1世とマリア・デ・アラゴン** タブロー　作者不詳、16世紀、ヌエストラ・セニョーラ・デ・ラ・ミセリコルディア教会、ポルト、ポルトガル

# この時代——
## 最大の権力を
### 誇った女性

カトリック女王イサベル
レティーロ公園、マドリード

者に推薦された。後継者とされてきた王太女フアナが、王の娘ではなく廷臣ベルトラン・デ・ラ・クエバの娘だとわかった

### 👑 カトリック両王の治世　年表

- 1451　カトリック女王イサベル誕生
- 1452　カトリック王フェルナンド誕生
- 1468　ロス・トロス・デ・ギサンド協定
- 1474　カスティーリャ王エンリケ4世没
　　　　カスティーリャ王位継承戦争
- 1489　アルカソバス条約：カスティーリャ女王イサベル1世即位
　　　　アラゴン王フアン2世没、アラゴン王フェルナンド2世即位
- 1492　1月2日：グラナダの降伏、レコンキスタの完了
　　　　10月12日：コロンブスのアメリカ大陸発見
- 1494　ポルトガルとトルデシーリャス条約締結、新大陸を分割
- 1496　王女フアナとブルゴーニュ公フェリペの結婚
- 1504　カトリック女王イサベル没
- 1505　カトリック王フェルナンドとジェルメーヌ・ド・フォアの結婚
- 1506　美公フェリペ没
- 1507　カトリック王フェルナンド、カスティーリャの摂政となる
- 1508　アルカラ・デ・エナーレス大学創設
- 1512　ナバーラ併合
- 1513　バスコ・ヌニェス・デ・バルボアの太平洋発見
- 1516　カトリック王フェルナンド没

## ジェルメーヌ・ド・フォア　フェルナンド2世の知られざる妻

ジャン・ド・フォアとマリー・ドルレアンの娘で、フランス王ルイ12世の姪であるジェルメーヌ・ド・フォアは、1488年に生まれ、18歳でカトリック王フェルナンドと結婚した。息子が生まれてアラゴン王家を継ぐことになったら、フランス王はナポリ王位を譲るという条件だった。これに対しカスティーリャ貴族たちは、女王フアナからアラゴン王国を奪おうというフランス王の策略を感じ、猜疑心を募らせた。しかし1509年、息子フアンが生後間もなく死亡し、その7年後フェルナンド王が死亡する。ジェルメーヌは、フェルナンドの孫であるカルロス1世とつかの間の関係を持ち、娘イサベルをもうけたが、結局世継ぎには恵まれなかった。その後、ヨハン・フォン・ブランデンブルクと結婚し、バレンシアの政務代行者として副女王の任命を受ける。再び夫と死別すると、カラブリア公フェルナンド・デ・アラゴンと結婚した。49歳の時リリアで死亡し、バレンシアのサン・ミゲル・デ・ロス・レイエス修道院に埋葬された。

からだ。王位継承者になると、イサベルの結婚は重大な課題となった。相手にはポルトガル王アルフォンソ5世、カラトラバ騎士団長ペドロ・ヒロン、アラゴン連合王国の継承者フェルナンド・デ・アラゴンの名前が挙がったが、最終的に選ばれたのはフェルナンドだった。

結婚式は1469年10月19日、バリャドリードで執り行われた。しかし配偶者にポルトガル王を推していたエンリケ4世は不服とし、ロス・トロス・デ・ギサンド協定を取り消してフアナを正式な継承者として認めさせようとする。そのエンリケ4世が1474年に不慮の死を遂げ、イサベルはカスティーリャ女王に即位した。やがてイサベル支持者とフアナ支持者との間で王位継承をめぐる内戦が勃発するが、1479年、アルカソバス条約でイサベルがカスティーリャ女王として改めて承認され、ようやく決着がついた。

**セゴビア全景**

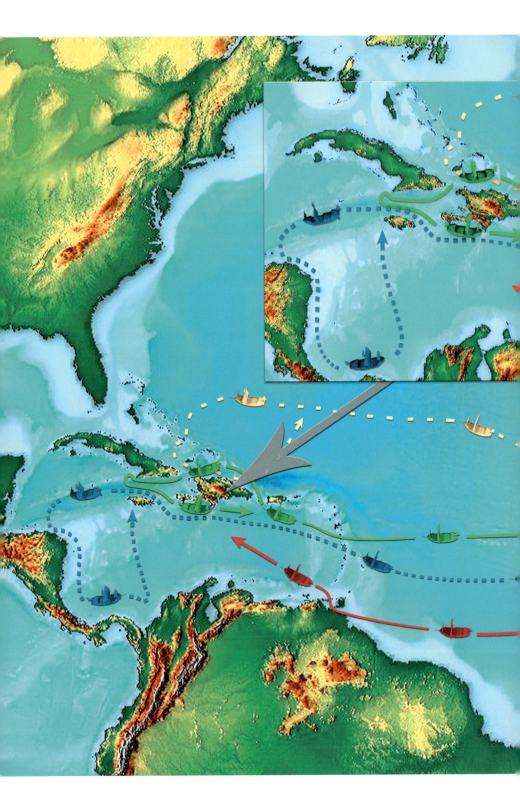

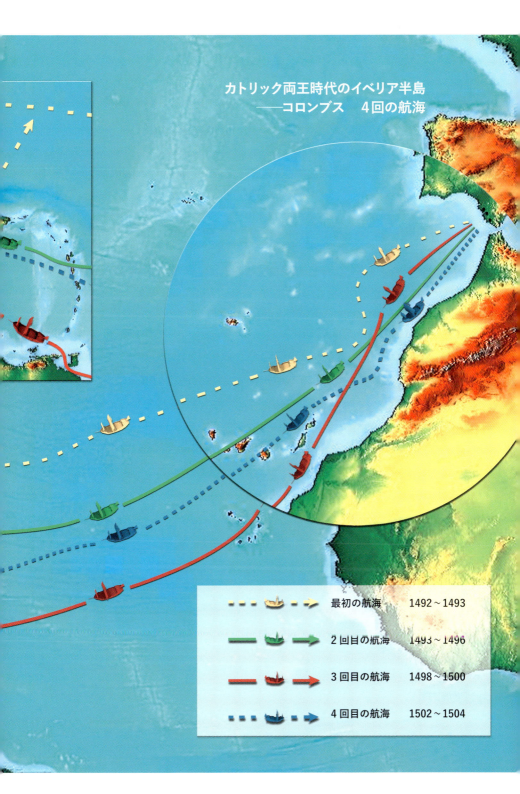

一方、アラゴン王フェルナンドは1452年、アラゴン連合国王フアン2世と2番目の妻フアナ・エンリケスとの息子として、ソス・デ・レイ・カトリコ（サラゴサ）で生まれた。フェルナンドも王位をめぐる争いと無縁ではなかった。1461年、ビアナ皇太子だった異母兄カルロスが謎の死を遂げ、その後カラタユーのコルテスに王位継承者として指名されたときにやはり波風が立った。

フェルナンドは典型的なルネサンス期の君主で、地中海で巧みな政策を行い、イタリアにアラゴン王国の拠点を築くことに貢献した。1468年には、シチリア王に任命される。その後、イサベルの夫となってからは、セゴビア協定に基づいて妻の王位継承を支援した。セゴビア協定は、王権の行使において夫婦は完全に平等であると取り決めたもので、「二人は同権」のフレーズが有名だ。この共同統治の成果が1492年のグラナダ・ナスル朝征服であり、コロンブスのアメリカ遠征への出資である。これにより、カスティーリャ=アラゴンの支配が海を超えて拡大した。アラゴン王フアン2世が死亡すると、フェルナンド2世となって王位を継ぎ、ここにカスティーリャ・アラゴン両王家の統一が実現した。グラナダ征服後、教皇アレクサンドル6世は2人とその子孫に、カトリック両王の称号を与えた。

しかし1497年に皇太子フアンが、1498年に王女イサベルが相次いで死去する。ポルトガル王位、祖母からカスティーリャ王位、祖父からアラゴン王位を継ぐ

**クリストファー・コロンブスの肖像画** 作者不詳

**教皇アレクサンドル6世（ボルジア家）**
ピントゥリッキオ画の部分、ブレラ美術館、ミラノ

ことになった孫ミゲルも1500年に亡くなり、深刻な後継者問題が生じた。正式な後継者となった王女フアナは、「狂女王」として歴史に名を残すとおり、精神錯乱症状を呈していた。

　女王イサベルがメディナ・デル・カンポで死亡（1504年）すると、フェルナンドは娘フアナに代わってカスティーリャの摂政を務めた。しかし彼の政治的関心はカスティーリャからアラゴンの独立を守ることに限定されていたため、1506年3月18日、フランス王の姪であるジェルメーヌ・ド・フォアと再婚する。ところがその年の終わりにフアナの夫であるフェリペ美公が死亡し、フアナは政権を執ることが不可能となったため、1507〜1516年にかけて再びカスティーリャの摂政を務めることになった。しかし1516年、マドリガレホ（バダホス）で新たな十字軍を立ち上げようとした矢先にフェルナンドは死去した。カトリック両王の遺体は、グラナダ大聖堂の王室礼拝堂にあるドミンゴ・ファンセリの手になる墓石のもとに眠っている。

5つの王国

ナバーラ王国
アラゴン王国
カスティーリャ王国
ポルトガル王国
グラナダ王国

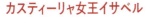 

カスティーリャ女王イサベル　　アラゴン王フェルナンド

| イサベル | フアン | フアナ | マリア | カタリーナ |
|---|---|---|---|---|
| ポルトガル皇太子アルフォンソと結婚　その後、マヌエル1世と結婚 | ハプスブルク家のマルガリータと結婚 | ハプスブルク家フェリペ公と結婚 | ポルトガルマヌエル1世の2度目の妻 | アーサー・チューダーと結婚、その後、英国王ヘンリー8世の妻　チューダー朝 |

スペイン王家の歴史

——— 王の居城 ———

# モタ城
## カスティーリャの禁欲

バリャドリード

　バリャドリード県メディナ・デル・カンポには歴史と遺産が縦横に詰まっている。カトリック女王イサベルは町はずれの丘に建つ城をこよなく愛し、1504年にそこで生涯を終えた。このモタ城は、ペニャフィエル城やカスティーリャ地方最大のゴルマス城と並んできわめて人気の高い城塞のひとつだ。現在の城はアラブの城壁の上に13〜15世紀の建築技術を用いて築かれている。

　ムデハル様式の城は隈ない銃眼に囲まれ、城内への入口は堀にかかる跳ね橋だけ。その入口を円筒状の2本の塔が守り、その塔からめぐらされた外周に、倉庫、地下牢がある。内城は4本の塔で守られ、正方形の中庭を囲むように部屋が並んでいる。そのなかのひとつが、15世紀のムデハル式装飾を施した「女王のバルコニー」と呼ばれる部屋である。高さ40メートルに達する主塔はレンガ造りで、頂上は銃眼付き胸壁のある見張り台になっている。カトリック両王の強い希望で建設され、カスティーリャ王国で最も高い塔だった。城の外郭はムデハル様式に従い、当時のコンクリートで築かれ、表面はレンガで覆われている。個性的な外観について年代記作家は「ヨーロッパでもっとも独

モタ城

# 4 カトリック両王

## ■ マドリガル・デ・ラス・アルタス・トレス

アビラから74キロの地に、マドリガル・デ・ラス・アルタス・トレス（高い塔の詩）という趣のある名前の町がある。1451年4月22日、カトリック女王イサベルはカスティーリャの王女としてここで生まれた。当時の宮殿は、現在ラス・マドレス・アグスティーナス修道院になっており、イサベルが産声を上げた部屋「コルテスの間」などを見学できる。

マドリガルには多くの見所がある。エル・エスコリアル様式のロス・パドレス・アグスティーノス・デ・エクストラムーロス修道院や、13世紀建造のサン・ニコラス教会、12世紀のサンタ・マリア・デル・カスティーリョ教会など。プリシマ・コンセプシオン王立病院は、イサベル王女の父フアン2世の最初の妻マリア・デ・アラゴンが1443年に建立。アルフォンソ8世（1158〜1214）の統治時代に建設が始まった城壁内は、歴史地区と呼ばれている。上空からは石の王冠のように見え、この町が誇る名高い女王を思い起こさせる。

創的な城」と表現している。

イサベルが強い愛着を抱いたモタ城の建設は1440年から始まり、カトリック両王の在位中に工事は終了した。設計にはフェルナンド・カレニョとアロンソ・ニーニョ、施工にはイスラームの血を引くアブダラとアリ・デ・レルマがあたった。城壁の内側には、カトリック女王とともに娘フアナ1世の過去が刻まれている。夫フェリペと離れてカスティーリャにとどまるのを拒否した彼女が、明らかな錯乱状態に陥ったのがこのモタ城で、フェリペが、仕事のため故郷フランドルにいるときだった。

後にモタ城は国有の刑務所となり、身分の高い囚人を収監していた。そのひとりチェーザレ・ボルジアが脱走に成功したのは、ベナベンテ伯の協力によるものだ。さらに時代はくだり王位継承戦争や独立戦争を経て、城はその堅固な構造を風雨にさらしたまま打ち捨てられていた。1939〜1940年にかけて修復が行われ、カトリック女王が築いたカスティーリャの象徴として、フランコ時代にはファランヘ党女性部の拠点となった。その後カスティーリャ・イ・レオン自治州政府に譲渡され、現在は自治州文化観光局の管轄になっている。

# 5 ハプスブルク家

## スペイン帝国の絶頂と衰退

- フアナ1世　狂女王
- カルロス1世　皇帝
- フェリペ2世　慎重王
- フェリペ3世　敬虔王
- フェリペ4世　惑星王
- カルロス2世　呪われた王

| スペイン王家の歴史

# フアナ1世　狂女王

狂女王フアナ1世とフェリペ1世（美公）の愛の伝説は、史実を離れて独り歩きしてしまった。つまり、政治的陰謀の哀れな犠牲者だった女王は心身喪失者として、教養あふれる優れた政治家だったフェリペは、野心家の軽薄な伊達男と受け止められている。しかしフアナ1世の治世で、カトリック両王の政治的事業は完遂した。

カトリック両王の娘フアナ・デ・カスティーリャは聡明な女性で、「ラ・ラティーナ」と呼ばれた著述家ベアトリス・ガリンドなどの優秀な教授陣から教育を受けて育った。しかし若い頃から躁鬱傾向があり、病気と紙一重の不可解な行動をとることもしばしばだった。ハプスブルク家のフィリップ（フェリペ）大公との婚約が決まったのはフアナが16歳のときである。神聖ローマ皇帝マクシミリアン1世の息子であるブルゴーニュ公フィリップとの結婚は、神聖ローマ帝国との結びつきを強める目的があった。

1496年8月22日、フアナはラレドの港を出航し、途上で豪華な婚礼道具の大半を失うというアクシデントに見舞われたが、数週間後にフランドルの小さな街リールでフィリップ大公と出会った。たちまち情熱的な恋に落ちた2人は挙式を急ぎ、5日後、メヘレンの聖ロンバウツ大聖堂で結婚した。1498年11月24日、長子レオノールが誕生。1500年には後の神聖ローマ皇帝カルロスが、その翌年にはイサベルが生まれた。

そのころ、フアナにはすでに精神錯乱の症状が現れ始めていた。夫は教養ある優しい男性だったが、カスティーリャとはまったく異なる

**フアナ・デ・カスティーリャ**
タブロー、作者不詳、アンブラス城、インスブルック、オーストリア

5 ハプスブルク家

フアナ・デ・カスティーリャ
ロレンソ・バルデス、プラド美術館

フランドルの極めて洗練された宮廷生活を好んでいた。フアナは病的な嫉妬にとりつかれ、夫のすべての行動をしつこく監視するようになっていき、こうして夫婦の間には次第に距離が生じていった。

1497〜1500年にかけて、カスティーリャでは皇太子フアン、王女イサベル、王女イサベルの息子ミゲル王子の死亡が相次ぎ、フアナがカスティーリャ・アラゴン王国の王位継承者となった。承認を受けるためにフアナとフェリペはカスティーリャに向かう。

フアナはそこで息子フェルナンドを生むことになるが、出産以前にフェリペはフランドルに帰国していた。妊娠のため同行がかなわず別居を余儀なくされたことで、フアナの精神状態は一層悪くなる。数ヵ月経って夫のもとに帰ったフアナはその後、母イサベルの死の知らせを受けるまでカスティーリャには戻らなかった。

フアナの精神状態から統治は不可能だと見たイサベル女王は、自分の死後は夫フェルナンドが摂政を務めるよう遺言にしたためていた。

この決定にフェリペは、夫として自分が摂政を務めるべきだと抗議した。結局、フアナと共同統治を行うことで両者

ブリュッセル王宮
ベルギー

## 文学・美術に見る狂女王伝説

女王フアナは他者の野望に巻き込まれた無垢な犠牲者として、愛憎伝説の主人公として、作家や芸術家にとって魅力あふれる人物である。それゆえ多くの劇作家や画家の手によって悲運の女王というロマンチックなイメージが作り上げられた。たとえば、エドゥアルド・アスケリーノとグレゴリオ・ロメロは戯曲『フェリペ美公』(1845年)を共作し、マヌエル・タマーヨ・イ・バウスは戯曲『愛の狂気』(1855年)で、フアナを伝説的存在にした。絵画作品では、ロレンソ・バリェスの『女王フアナの錯乱』(1867年)やフランシスコ・プラディーリャの『狂女王フアナ』(1877年)が傑出し、いずれもマドリードのプラド美術館に収蔵されている。時代が下ると、映画にも登場するようになった。最初の映画はフアン・デ・オルドゥーニャ監督の『愛の狂気』(1948年)で、主演はアウロラ・バウティスタだった。2001年にはビセンテ・アランダ監督の『狂女王フアナ』で、ピラール・ロペス・デ・アヤラが女王役を演じた。

夫の亡骸を見つめるフアナ・デ・カスティーリャ　キャンバス油彩、フランシスコ・プラディーリャ、プラド美術館

ブルージュ　運河、ベルギー

## フェリペ1世　カスティーリャ王（1478～1506）

フェリペ美公は、神聖ローマ皇帝マクシミリアン1世とブルゴーニュ公マリアの息子である。1478年6月22日にブリュージュで生まれ、1482年に母親が死亡するとブルゴーニュ公を継いだが、実際に統治にあたり始めたのは、成人後の1494年である。知的で洗練された男性で、文学や芸術を愛し、政治家の資質を十二分に備えていたが、それだけに権力に異常なほど固執した。1496年、カスティーリャ王女フアナと結婚。同時に妹のマルガリータは、フアナの兄である皇太子フアンと結婚した。

その後、義兄フアン、義姉イサベル、イサベルの息子である甥のミゲルが死亡すると、妻のフアナがカスティーリャとアラゴンの王位継承者になった。そこで1504年にカトリック女王イサベルが死亡すると、フアナはカスティーリャの女王となる。しかしイサベルは遺言で、フアナが精神錯乱の場合はカトリック王フェルナンドが摂政を務めるよう指示していた。この遺言が、フェリペとフェルナンドの対立を生むことになる。結局、1506年にフェルナンドはアラゴンへ退き、フィリップがフェリペ1世としてカスティーリャ王に任命された。しかしその治世は短かった。王になってわずか数ヵ月後、高熱により、ブルゴスで死去した。

**フェリペ美公**
タブロー、フアン・デ・フランデス、ウィーン美術史博物館、オーストリア

スペイン王家の歴史

# トルデシーリャスでの幽閉

フアナ・デ・カスティーリャ横臥像
ドメニコ・ファンセリ、グラナダ王室礼拝堂

 **フアナ1世**

- ■ 治世　カスティーリャ女王：1504～1555
  　　　　アラゴン女王（名目）：1516～1555
- ■ 誕生　トレド、1479年11月6日
- ■ 結婚　フィリップ・ド・ハプスブルク、1496年
- ■ 子女
  - レオノール、ポルトガル王妃（1519～1521）、フランス王妃（1530～1547）
  - カルロス1世（1500～1558）、スペイン国王（1516～1556）、神聖ローマ皇帝カール5世（1519～1556）
  - イサベル（1501～1526）、デンマーク王妃（1515～1523）
  - フェルナンド（1503～1564）、神聖ローマ皇帝フェルディナント1世（1556～1564）
  - マリア（1505～1558）、ハンガリー王妃（1521～1526）
  - カタリーナ（1507～1578）、ポルトガル王妃（1525～1557）
- ■ 両親　カスティーリャ女王イサベル1世、アラゴン王フェルナンド2世
- ■ 後継者　カルロス1世（神聖ローマ皇帝カール5世）
- ■ 死亡　トルデシーリャス（バリャドリード）、1555年4月12日
- ■ 埋葬　グラナダ大聖堂・王室礼拝堂

の合意が成立した（サラマンカ協定）。しかしブリュッセルの宮廷に一時的に戻って、第5子であるマリア王女を生んだ後、フアナがカスティーリャに戻ると、争いは再燃してフェルナンド王はアラゴンに退く決意をする。一方、フェルナンドがアラゴンの利益を優先することを不服としていたカスティーリャの貴族

**フアナ1世 狂女王像**
トルデシーリャス、バリャドリード

は、フェリペへの支持を表明。これを受けてバリャドリードの議会がフェリペがカスティーリャ王であると宣言する。しかしその数ヵ月後、フェリペは急死した。

フェリペの死で、フアナの精神錯乱はますますひどくなった。夫を母とともに埋葬するため、夫が死亡したブルゴスから墓所のあるグラナダまで夜間を選んで遺体を運んでいった。途中で、トルケマーダ（パレンシア）に長く滞在し、第6子の王女カタリーナを出産したが、後は8ヵ月もの間、感情をなくしたようになって、棺から一時も離れずにカスティーリャ台地を横断した。

フアナは精神のバランスを明らかに崩していたため、枢機卿シスネーロスとフェルナンド王が摂政を引き受けた。病状は刻々と悪化し、1509年1月フェルナンドはついに、フアナをトルデシーリャスに幽閉した。それはフアナを支持し、自分に敵対する貴族の派閥が生まれるのを避けるためでもあった。7年後、フェルナンドが死亡すると、フアナに女王の称号を残したまま、息子カルロスがカスティーリャ・アラゴンの王位を継いだ。フアナはその後も娘のカタリーナとともに、トルデシーリャスに幽閉され続けた。

1520年のコムネロスの乱で、フアナの統治を望む人々が蜂起したが、彼女は息子カルロスに反旗を翻すのを拒んだ。幽閉生活の慰めは、息子カルロス1世との面会と、後の聖フランシスコ・デ・ボルハの慰問だけだった。1555年4月12日、フアナは46年の幽閉生活の末に76歳で死亡したが、その死にもフランシスコ・デ・ボルハが立ち会った。

ドゥエロ川　トルデシーリャス

# カルロス 1 世　皇帝

カルロス 1 世は、スペインの王と呼ばれた最初の君主である。カスティーリャ女王フアナとフィリップ・ド・ハプスブルクの息子として、アメリカ大陸の領地を含むカスティーリャ王位と地中海の支配地を含むアラゴン王位、低地諸国、ルクセンブルク、アルトワ、フランシュ・コンテを手にいれた。また神聖ローマ皇帝マクシミリアン 1 世の孫として、その帝位も受け継いだ。

スペイン王カルロス 1 世あるいは神聖ローマ皇帝カール 5 世は、1500 年 2 月 24 日にヘントで生まれた。カスティーリャの統治にあたっていた両親が不在だったため、叔母のマルガリータに育てられた。フェリペ美公の妹で、カスティーリャ皇太子フアンの未亡人であるマルガリータ・デ・アウストリアは、その時代で最も知的な女性のひとりとされる人物で、彼女はユトレヒト出身の枢機卿アドリアーノ、後の教皇ハドリアヌス 6 世に甥の教育を託した。カルロス 1 世は体系的な政治・軍事教育を受けつつ、芸術・文化を愛する華やかな宮廷の中で育った。

1506 年に父親が死亡すると、ブルゴーニュ公を継承し、祖父のカトリック王フェルナンドの死後は母フアナ女王との共同統治という形で、カスティーリャとアラゴンの王位を継承した。

レイエ川
ヘント、ベルギー

##  カルロス1世

- ■ 治世　スペイン王：1516年3月14日～1556年1月16日
  神聖ローマ皇帝：1519～1556
- ■ 誕生　ヘント（ベルギー）、1500年2月24日
- ■ 結婚　イサベル・デ・ポルトガル、1525年3月11日、セビーリャで結婚
- ■ 子女　イサベル・デ・ポルトガルとの子女：
  - フェリペ2世（1527～1598）、スペイン王（1556～1598）
  - マリア・デ・ハプスブルク（1528～1603）、神聖ローマ皇后（1548～1576）
  - フェルナンド（1530）
  - フアナ・デ・アウストリア（1537～1573）、ポルトガル皇太子フアン・マヌエルの妻、ポルトガル王セバスチャン1世の母
  - フアン（1539）
- 庶子　アラゴン王妃（寡婦）ジェルメーヌ・ド・フォアとの庶子
  - イサベル・デ・カスティーリャ（1518?～1540?）
  フランドル貴族ヨハンナ・ファン・デル・ヘインストとの庶子
  - マルガリータ・デ・アウストリア（1522～1586）
  - フアナ・デ・アウストリア（1522～1530）、母不詳
  オルソリーナ・デッラ・ペンナとの庶子
  - タデア・デ・アウストリア（1523?～1562頃）
  バルバラ・ブロンベルクとの庶子
  - フアン・デ・アウストリア（1547～1578）
- ■ 前任者　カスティーリャ女王フアナ1世、アラゴン王フェルナンド2世
  神聖ローマ帝国：マクシミリアン1世
- ■ 後継者　スペイン：フェリペ2世
  神聖ローマ帝国：フェルディナント1世
- ■ 死去　ユステ修道院、クアコス・デ・ユステ（カセレス）、1558年9月21日
- ■ 墓所　サン・ロレンソ・デル・エスコリアル修道院、マドリード

カルロス1世像
レティーロ公園、マドリード

マルガリータ・デ・アウストリア
タブロー、ベルナールト・ファン・オルレイ、ベルギー王立博物館、ブリュッセル

| スペイン王家の歴史

## スペインによるアメリカ大陸の征服

　1516年に父方の祖父マクシミリアン1世が死去し、ハプスブルク家のオーストリア領を手に入れたカルロス1世は、神聖ローマ皇帝選挙に名乗りをあげ、中央ヨーロッパの選帝侯たちの票を集めて神聖ローマ皇帝カール5世となった。

　フランドルでの幼少期にエラスムス主義の影響を受けたカルロス1世は、キリスト教の世界帝国を作り上げるという固い意志を持っていた。実現に向けフランソワ1世のフランスと対立し、ブルゴーニュ公国とミラノ公国の征服に着手した

## 5 ハブスブルク家

### ■ 皇帝最後の愛人　バルバラ・ブロンベルク

バルバラ・ブロンベルク(1527～1597)は、レーゲンスブルクの中産階級の家庭に生まれた。カルロス1世と出会ったのは1546年で、その1年後にフアン・デ・アウストリアが誕生した。ほどなくしてバルバラはジェローム・ピラムス・ケーゲルと結婚するが、それはあくまで息子フアンの後見人をつくるためだった。ジェロームはブリュッセルの宮廷で役職を与えられ、皇帝と妻の関係については口をつぐんだ。

1569年に未亡人となったバルバラは、その放埓な行動でひんしゅくを買い、息子フアン（当時はフランドルの為政者）から、スペインへ移住し、バリャドリードのサンタ・マリア・ラ・レアル修道院で暮らすよう命じられた。1578年、フアンが死亡すると修道院を出て、ジェロームとの間の息子とその妻、4人の孫たちとともにカンタブリアのコリンドレスに移った。1597年に死去。遺体はカンタブリアのエスカランテにあるモンテアーノ修道院に眠る。

（1526年マドリード講話条約で両国を獲得）。これらの領土獲得が、広大な帝国を築く第一歩となった。

しかしフランス王は、教皇やイタリアの選帝侯たちとコニャック同盟を結び、新たに宣戦を布告した。戦争は、息子フランソワ1世の命を受けたルイーズ・ド・サヴォワと、甥であるカルロス1世の命を受けたマルガリータ・デ・アウストリアの間でカンブレーの和約（1529年）が結ばれ終結した。別名貴婦人の和約と呼ばれるこの条約締結によって、カルロス1世はブルゴーニュ公国の宗主権を放棄する一方、イタリアの覇権を確立した。

カルロス1世の帝国政治は、カスティーリャでは快く受け入れられなかった。カスティーリャの公職をフランドル人が独占

ドン・フアン・デ・アウストリアの紹介
（ユステ修道院での父カルロス1世との面会）、
油彩、ルイス・ロサレス

スペイン王家の歴史

## ■ 皇后イサベル

イサベル・デ・アビス・イ・トラスタマラは1503年10月24日リスボンで生まれた。両親は幸運王マヌエル1世と、カトリック両王の娘マリア・デ・アラゴン。1526年セビーリャ大聖堂で、従兄弟のスペイン王カルロス1世と結婚し、5人の子どもが誕生したが、成年に達したのは、後のスペイン王フェリペ2世だけ。聡明な女性で、ドイツの統治や軍事行動で頻繁にスペインを留守にする夫の摂政を務めた。1539年、息子ファンの出産後トレドで死亡。カルロス1世は嘆き悲しみ、息子で後のフェリペ2世に、随員を率いて皇后の遺体をグラナダまで護送するよう命じた。

フェリペ2世に随行した皇后の侍従長ガンディア公は、グラナダの王室礼拝堂に着いたら遺体を確認することになっていた。伝説的な美しさが死にむしばまれたのを見て、「これが皇后であると誓うことはできないが、ここに置かれた亡骸がその遺体であったと誓おう」と述べたという。ガンディア公は、命に限りのある主君には二度と仕えないと付け加え、妻の死後はイエズス会の聖職者となった。今日では聖フランシスコ・デ・ボルハとして崇められている。

し、軍事遠征のために出費がかさんだことで、小貴族や都市中産階級によるコムネロスの乱が起こった。1521年に反乱側が敗北すると、カルロス1世と大貴族は結託し、カスティーリャのコルテス（身分制議会）は権威を失っていった。1519〜1523年にかけて、バレンシアとマジョルカでも職人や中産階級による同業者組合（ギルド）の反乱が起きたが、これもまた同様の結果に終わった。

プロテスタントの宗教改革により、当時極めて重要だった宗教の問題に関してカルロス1世は常に妥協的で寛容な態度をとっていた。しかしフランソワ1世とトルコ皇帝スレイマンの支持を得たドイツの諸侯たちはシュマルカルデン同盟を結び、ローマ教会の教義の押し付けに反発。その結果、新たな戦争が勃発した。カルロス1世軍はスレイマンによるウィーン包囲を解くことに成功したが、フランスによ

**皇后イサベル** ティツィアーノ、プラド美術館

るサヴォワの占領を防ぐことはできなかった。最終的に、クレピーの和約 (1544 年) で戦争は終結し、フランスはトルコとの同盟を破棄してキリスト教国連合のために戦うことを約束した。1547 年にはミュールベルクでドイツ諸侯と対立し、この時は勝利をおさめたが、1552 年にインスブルックで惨敗。1555 年に締結したアウクスブルクの和議によって、ドイツに宗教的自由が認められた。帝国の宗教的統一というカルロス 1 世の野望はここで終止符が打たれた。

スペイン国内はというと、アメリカ大陸の征服と植民地化がもたらした貴金属のおかげでカルロス 1 世の時代は経済的に繁栄していた。しかし物価の高騰と帝国主義的政策はやがて王室の財政破綻をもたらす。16 世紀末に顕著な形で表れる国力衰退の種は、このころにまかれていた。

カルロス 1 世は活力あふれる精力的な人物だったが、その一方、母であるフアナ女王の血を引いてか、鬱の傾向があった。美食家で快適な生活を好み、フランドルからスペインにビールを飲む習慣を持ち込んだ。よき夫、よき父であったが、西ヨーロッパに滞在中は常に愛人をそばに置いていた。度を越した美食と軍事遠征によって早くから健康を損ね、1555 年ブリュッセルで弟のフェルナンド (フェルディナント 1 世) に皇帝位を譲る。その 1 年後には、スペインとその植民地、イタリア、低地諸国を息子のフェリペ 2 世に譲り王位から退いた。エストレマドゥーラのユステ修道院に隠棲し、そこで 1558 年 9 月 21 日に死亡した。

フランドルの冬景色

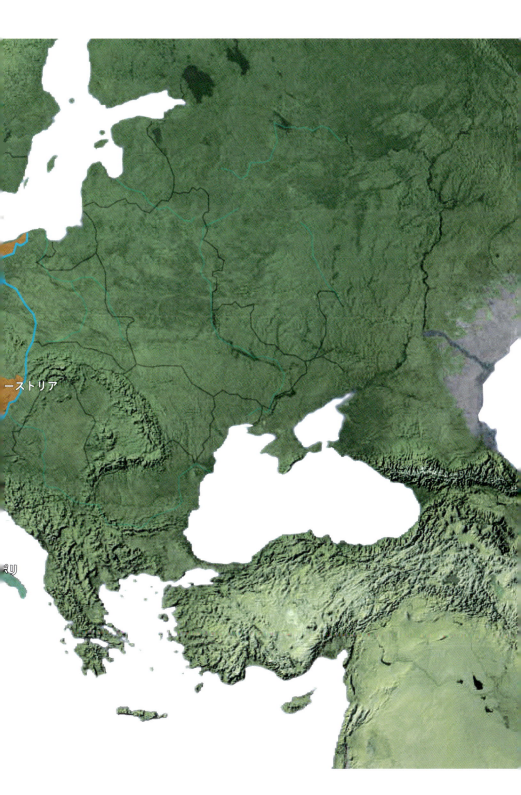

# フェリペ2世　慎重王

フェリペ2世は評価の分かれる人物である。歴史家には、寛容で冷静沈着な王だったという者もいれば、狂信的で愛憎ゆえに恐怖政治を行っていたと評する者もいる。おそらくどちらか一方が正しいというわけではないに違いない。父親であるカルロス1世（皇帝カール5世）の偉大さの陰で、権力者の孤独を感じていたひとりの人間にすぎなかったのかもしれない。

フェリペ2世は、カルロス1世とイサベル・デ・ポルトガルの息子として1527年5月21日にバリャドリードで生まれた。父直じきの監督のもと、フアン・マルティネス・シリセオとフアン・デ・スニガに厳しく教育され、いかなるときも国是を自身の欲望や感情より優先することを信条に育てられた。

**フェリペ2世**
キャンバス油彩、ルーベンス、プラド美術館

1543～1551年にかけて、ごく若いうちからフェリペは頻繁に国を不在にする父に代わって摂政を務めなければならなかった。しかし正式にスペイン王位を継いだのは、カルロス1世が退位した1556年である。即位前は将来の支配地に馴染もうとイタリアや低地諸国を回ったが、即位後はマドリードから統治を行い、エル・エスコリアル修道院と宮廷近くの王居を行き来する以外、ほとんど移動しなかった。

フェリペ2世治下のスペインは、各地方に広がる市会（コンセホ）のネットワーク、国王秘書官、強力な中央集権機構という統治システムを基盤としていた。これによって国庫支払い停止宣言の影響や、経済・財政問題を緩和しようとしたがうまくいかなかった。内政は2つの出来事で決定的打撃を受けた。ひとつは、貴族の陰謀に加担した疑惑で捕らえられていた皇太子カルロスの死（1568年）であり、もうひとつは、権勢を誇っていた秘書官アントニオ・ペレス

## エル・エスコリアルの王

### 👑 フェリペ2世

- ■治世 　1556年1月16日～1598年9月13日
- ■誕生 　バリャドリード、1527年5月21日
- ■結婚
  - マリア・マヌエラ・デ・ポルトガル（1527～1545）、1543年11月15日、サラマンカで結婚
  - メアリー・チューダー、イングランド女王（1516～1558）、1554年7月25日、ウィンチェスターで結婚
  - イサベル・デ・バロア（1545～1568）、1559年6月22日、グァダラハラで結婚
  - アナ・デ・アウストリア（1549～1580）、1570年5月4日、プラハで結婚
- ■子女　マリア・マヌエラ・デ・ポルトガルとの子女
  - カルロス（1545～1568）

  イサベル・デ・バロアとの子女
  - イサベル・クララ・エウヘニア（1566～1633）
  - カタリーナ・ミカエラ（1567～1597）

  アナ・デ・アウストリアとの子女
  - フェルナンド（1571～1578）
  - カルロス・ロレンソ（1573～1575）
  - ディエゴ・フェリクス（1575～1582）
  - フェリペ3世（1578～1621）
  - マリア（1580～1583）
- ■前任者　カルロス1世
- ■後継者　フェリペ3世
- ■死去　エル・エスコリアル修道院、マドリード、1598月9月13日
- ■墓所　サン・ロレンソ・デル・エスコリアル修道院王廟、マドリード

**イサベル・クララ・エウヘニア**　油彩、アロンソ・サンチェス・コエーリョ、プラド美術館

**フェリペ2世像**
レティーロ公園、マドリード

との対立だった。フアン・デ・アウストリアの秘書官フアン・デ・エスコベドの暗殺事件の後、アントニオ・ペレスは汚職と背徳的行為の容疑をかけられてフェリペ2世のもとを去った。

フェリペ2世は1581年、イベリア半島の統一を成し遂げた。トマールのコルテスでイサベル・デ・ポルトガルの息子としての継承権が認められ、ポルトガルとその領土の併合が実現したからである。また国政から貴族を引き離し、顧問会議のシステムを完成させた。現行法を新しく体系化し、人口・資産の国勢調査も実施した。

オランダの風景

外交では、婚姻同盟によって帝国を強化しようとした。そのため政局に応じてポルトガル王女、イングランド女王、フランス王女、ドイツ王女と次々に結婚し、まさにクモの巣を張り巡らすように全ヨーロッパに影響力を広げた。また、宗教的統一を目指してベネチア共和国、ジェノバ共和国、教皇による神聖同盟に加わり、オスマントルコ勢力の侵攻を阻止した（レパントの海戦）。

しかし絶大な力を誇っていたエリザベス1世のイングランドに勝つことはできなかった。無敵艦隊が敗北すると、大西洋におけるスペイン海軍の力は衰え始めた。また、低地諸国では宗教的・政治的紛争を解決することができずに反乱が起き、オランダ、ゼーラント、その他の諸州連合も最終的に独立した。精根尽き果てたフェリペ2世は、愛するエル・

**エリザベス1世** 作者不詳、ナショナル・ポートレート・ギャラリー、ロンドン、イギリス

エスコリアル修道院の厳格で神秘的なたたずまいのなか、孤独のうちに71年の生涯を閉じた。1598年9月、マラリアと痛風で50日以上苦しんだ末の死だった。

スペイン王家の歴史

## レパントの海戦

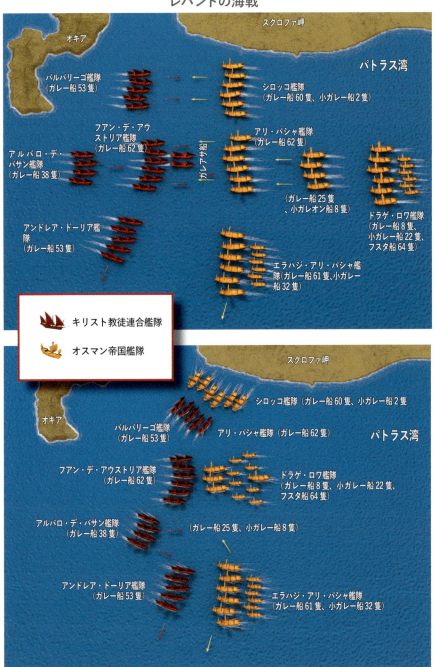

# フェリペ2世 4人の妻

**マリア・マヌエラ・デ・ポルトガル**は、1527年コインブラに生まれた。皇太子フェリペとの婚礼があまりに盛大だったため、当時の歴史家マリア・マルガリータ・コンデ・ベナビデスは、『フェリペ2世とマリア・マヌエラ・デ・ポルトガルの婚礼についての論評』で「準備から式にいたるまでの豪華さるや、歴代スペイン皇太子の婚礼で最も注目に値する」と述べている。しかしおとぎ話のような結婚は、1545年バリャドリードで、マリアが王子カルロスを産んだ直後に亡くなる悲劇で幕を閉じた。

**マリア・マヌエラ・デ・ポルトガル** タブロー、作者不詳、プラド美術館

**メアリー・チューダー**は、イングランドとアイルランドの女王。1516年グリニッジ（イングランド）で、アラゴン王女カタリーナとヘンリー8世の娘として生まれた。1554年のスペイン王位継承者フェリペ2世との結婚は、多分に政治的・宗教的な思惑が絡み、フェリペ2世の父カルロス1世はイングランドと同盟し、永遠の宿敵フランス王の孤立を図ろうとした。一方メアリーはスペイン帝国の支援を頼みに、自国でカトリック再興を試みた。結婚式は行われたが、フランス王とイングランド・プロテスタントの反対にあう。ロンドン滞在中のフェリペ2世に対して、プロテスタントが反乱を起こしたのだ。1555年フェリペ2世はスペインに戻ると、その後数回しか妻に会いに行くことはなかった。メアリーは1558年ロンドンで42年の生涯を終えた。

**イサベル・デ・バロア**は、フェリペ2世が最も愛した3番目の妻。フランス王アンリ2世とカテリーナ・デ・メディチの娘として、1545年にフォンテーヌブローで生まれた。カトー・カンブレジ条約によって、最初はカルロス皇太子との結婚が決まっていたが、前年にメアリー・チューダーを亡くしたフェリペ2世に嫁ぐことになった。繊細で優しいエリザベートは、悩み多き王の慰めだった。2人の間にはイサベル・クララ・エウヘニア（1566年）とカタリーナ・ミカエラ（1567年）が生まれた。娘たちはその後、王の大きな支えとなる。エリザベートは1568年、第3子となる息子を産んだ後に死に、息子も数時間後に死亡した。

**アナ・デ・アウストリア**は金髪が美しく、神聖ローマ皇帝マクシミリアン2世と、フェリペ2世の妹マリアとの間に生まれた。ごく近い血縁関係にあったので、教皇ピウス5世は結婚許可を出すのに慎重だった。しかし1570年5月4日にプラハで代理人を立てて結婚式が執り行われた。10年間で5人の子どもが生まれたが、成人したのは、後のフェリペ3世のみである。アナ王妃は1580年、流行性感冒で死亡。王はその後死ぬまでの18年間、結婚はしなかった。

左：**アナ・デ・アウストリア** 油彩、コエーリョ、フサロ・カルディアーノ財団、マドリード

中央：**イサベル・デ・バロア** 油彩、ソフォニスバ・アングイッソラ（伝）、プラド美術館

右：**メアリー・チューダー** 油彩、アントニオ・モロ、プラド美術館

スペイン王家の歴史

――― 王の居城 ―――
# エル・エスコリアル修道院
## スペイン国王の霊廟

マドリード

　その居城とともに名前が挙がるスペイン国王といえばフェリペ2世である。住居はサン・ロレンソ・デル・エスコリアル修道院。マドリードから約50キロのグアダラマ山脈に建つ。周囲の風景は雄大で、付属の建造物もかすんでしまいそうだ。とはいえ「公館」「王子たちの館」「女王の館」「カルロス3世王立劇場」などは、いずれも貴重な建築遺産で、その大半を18世紀の名匠フアン・デ・ビリャヌエバが設計している。

　内側に豊かさを秘めた、簡素なたたずまいを見せるエル・エスコリアル修道院の前には、現在、市街地が広がっている。その厳かな輪郭が切り取るグアダラマの澄み切った青空はその昔、フェリペ2世が見た風景と同じに違いない。

　エル・エスコリアルの建設は、サン・キンティンでの戦勝記念と、父王カルロス1世をはじめとする王族の霊廟を設けることが目的で始まった。敷地内には居住スペース、教会、大きな図書室を設けるよう注文がつけられた。フアン・デ・エレーラに工事を依頼するとき、フェリ

エル・エスコリアル修道院概観

ペ2世は「神のための宮殿と、私のための掘立小屋を建ててほしい」といったという。建築家はその意を汲んで、教会と王廟は極めて豪華に、王の部屋はごく簡素に設計した。宮殿の一部は、ブルボン朝の君主たちによって17世紀と18世紀に改装されている。

建設は1562年の終わり頃に始まり、1584年に終了した。設計者はフアン・バウティスタ・デ・トレドとフアン・デ・エレーラ。全体が教会を取り囲むような構造になっている。教会の主祭壇の両側にある金銅の彫刻はポンペオ・レオーニの作品で、フェリペ2世と父のカルロス1世が、それぞれの妻とともに祈る姿が刻まれている。

外観に負けず劣らず貴重なのが、エル・エスコリアルの内部である。これぞ芸術という作品群が内部を飾る。図書室の円天井、聖具納室、参事会室、「下の内庭回廊」、主階段と「戦いの回廊」を彩るのはツッカリ、ティバルディ、カンビアーゾといったイタリア人芸術家の作品だ。ベンベヌート・チェッリーニによる白大理石のキリスト磔刑像や、クラウディオ・コエーリョが描いた主聖具納室の宗教画など、数々のすぐれた作品が並ぶ。

## ■ 王の霊廟

エル・エスコリアルは、スペイン国王たちが埋葬される場所である。フェリペ5世とフェルナンド6世以外の君主がみな、ここで永遠の眠りについている。王廟は大理石と金銅で装飾された円形礼拝堂で、カルロス1世、フェリペ2世、フェリペ3世、フェリペ4世、カルロス2世、ルイス1世、カルロス3世、カルロス4世、フェルナンド7世、イサベル2世、アルフォンソ12世、アルフォンソ13世、そしてバルセロナ伯フアン・デ・ブルボンの墓がある。

その反対側で眠るのは、国母となった女王たち。一方、後継者を産まずに亡くなった女王や、その他の王族の墓が納められているのが、王廟に隣接する「王子たちの霊廟」だ。そのなかでひときわ目立つフアン・デ・アウストリアの墓は、ガレオッティが制作している。また幼少時に亡くなった王子たちの墓、「幼児たちの霊廟」は丸い形をしていることから「ケーキ」と呼ばれている。

王廟

スペイン王家の歴史

# フェリペ3世　敬虔王

非常に信心深く、「敬虔王」の名で知られるフェリペ3世は、歴史学者の間では、意志が弱く影響されやすい王と見なされてきた。しかし実はアフリカでの拠点を獲得し、パクス・イスパニカ（スペインの平和）による軍事的安定をもとに、スペイン王国の領土を最大にした功労者である。またその治世には、黄金世紀の文化が開花した。

ハプスブルク家のフェリペ3世は、1578年4月14日、マドリードのアルカサル（城）でフェリペ2世とアナ・デ・アウストリアの子として生まれた。1582年に王位継承者に指名されるが、フェリペ2世は、ただ1人の息子が明らかに聖職者向きであることを直感し、「神よ、なぜ私に多くの国を与えながら、息子にそれを治める能力を与えなかったのか」と嘆いたといわれる。

その憂慮もあながち間違いではなかった。フェリペ3世は1598年、父の死によって即位し、同年に大公マルガリータ・デ・アウストリアと結婚した。多くの子宝に恵まれた幸せな結婚だったが、その一方で政治は、レルマ公フランシスコ・ゴメス・デ・サンドバルをはじめとする寵臣たちの手に委ねられていた。

しかしフェリペ3世は一般的に政務にまったく無関心だったとされているが、そうとも限らない。王国間の対立に絶えず脅かされている領内をど

フェリペ3世像
マヨール広場、マドリード

ミゲル・デ・セルバンテス肖像
フアン・デ・ハウレギ（伝）、王立言語アカデミー、マドリード

## 5　ハプスブルク家

# 寵臣の敵

### ■ マルガリータ・デ・アウストリア（1584〜1611）

オーストリア大公マルガリータは、エスティリア大公カール2世（1540〜1590）とマリア・アナ・デ・バビエラ（1551〜1608）の娘で、神聖ローマ皇帝フェルディナント1世の孫である。1599年にスペイン王フェリペ3世と結婚し、スペイン王妃となる。聡明で政治的資質が高く、王よりも積極的に内政に関与して成果を上げた。寵臣レルマ公の権力の乱用に気づくと、調査を進め、レルマ公とその協力者たちの不正を暴いた。協力者のうち、シエテイグレシアス侯爵ロドリーゴ・デ・カルデロンは処刑された。しかし王妃は裁判の行方を見届けることができなかった。判決が出る7年前に、末息子アルフォンソの出産が原因で死亡したからだ。アルフォンソも誕生後、わずか数日で死亡した。

**マルガリータ・デ・アウストリア**
油彩、バルトロメ・ゴンサレス、プラド美術館

うすれば平定できるのか、その方法をとりわけ熱心に探ろうとするところもあった。

その治世は、アメリカ大陸からの金銀を積んだ船が海賊の脅威にさらされる時代だった。対策としてインディアス戦争評議会を設置し、紛争を一時的に抑えることには成功したが、根本的な解決には至らなかった。その上、ヨーロッパにおけるスペインの覇権の喪失、財務会議の官僚の汚職によって生じた政府内抗争といった、深刻な

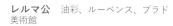

**レルマ公**　油彩、ルーベンス、プラド美術館

# スペイン王家の歴史

## 👑 フェリペ3世

- **治世**　1598年9月13日～1621年3月31日
- **誕生**　マドリード、1578年4月14日
- **配偶者**　マルガリータ・デ・アウストリア=エスティリア (1584～1611)
　1599年フェラーラ（イタリア）で代理人を立てて結婚
- **子女**
  - アナ (1601～1666)、フランス王ルイ13世王妃
  - マリア (1603)
  - フェリペ4世 (1605～1665)、スペイン国王 (1612～1665)
  - マリア・アナ (1606～1646) 神聖ローマ皇帝フェルディナント3世皇后
  - カルロス (1607～1632)
  - フェルナンド「枢機卿王子」(1609～1641)
  - マルガリータ (1610)
  - アルフォンソ (1611)
- **前任者**　フェリペ2世
- **後継者**　フェリペ4世
- **死去**　マドリード、1621年3月31日
- **墓所**　サン・ロレンソ・デル・エスコリアル修道院王廟、マドリード

フェリペ3世　油彩、作者不詳、ラ・エンカルナシオン修道院、マドリード

アルフォンソ王子とマルガリータ王女

問題に直面させられる。

　スペイン経済は、深刻な状態に陥っていた。フェリペ3世は頻繁にコルテスを召集し、王室財政を改善するための融資を募らなければならなかった。国家予算の監視・管理もコルテスが担っていた。というのも、王室は財政の管理を嫌い、その権限をカスティーリャのコルテスに移譲していたからである。こうした中で、寵臣のレルマ公が力を蓄えていった。しかし1618年、レルマ公は汚職によりその座を追われ、代わってウセダ公が権力を手にした。

　フェリペ3世は一時的ではあるが、1601～1606年のあいだ首都をバリャドリードに移した。

　対外政策では、フェリペ3世は平和主義的な戦略を進めた。イングランドと数々の和平条約を結び、1609年にはオランダ独立戦争の12年間の休戦が実現した。それと同時にスペイン国内のモリスコの追放にも着手している。この平和主

5 ハプスブルク家

アナ・デ・アウストリア（ルイ13世妃）油彩、ルーベンス、プラド美術館

義政策は、フランスのルイ13世とスペイン王女アナとの結婚、皇太子フェリペ（後のフェリペ4世）とブルボン家の王女イサベルとの結婚によって完成する。

しかし1618年に始まった30年戦争で、平和は崩れ去った。スペイン王室は神聖ローマ皇帝フェルディナント2世側に加担し、プファルツ選帝侯フリードリヒに対抗した。それから間もない1621年、フェリペ3世は丹毒によって死亡した。

マヨール広場　バリャドリード

スペイン王家の歴史

# フェリペ4世　惑星王

フェリペ4世は、フランスの「太陽王」ルイ14世との対比で「惑星王」と呼ばれる。政務の大部分を寵臣たちに委ねていたため、君主としての人物像が定まらず、歴史学者の間でしばしば議論の対象となっている。

　フェリペ4世は1621年、病死した父に代わりわずか16歳の若さで即位した。王となるべく教育されて育ち、即位の6年前にはイサベル・デ・ブルボンと結婚していた。イサベルは教養ある品行方正な女性で、王の心強い支えとなった。イサベルが亡くなり、皇太子バルタサール・カルロスも早世したため、フェリペ4世は1649年にマリアナ・デ・アウストリアと再婚する。しかし生涯放埓な生活を続けて数多くの庶子をもうけた。

　たとえば、フアン・ホセ・デ・アウストリア（1629～1679）という、通称カルデローナという有名な女優との間に生まれた庶子は、異母弟カルロス2世の治世に、重要な役割を果たした。

　父フェリペ3世の寵臣レルマ公と同じように、フェリペ4世は寵臣オリバーレス伯公爵（執務期間1621～1643）に国事を委ねていた。とはいえ任せきりにしていたわけではなく、4度の国庫支払停止

**ラス・メニーナス**　ディエゴ・ベラスケス、プラド美術館

**画家ディエゴ・ベラスケス像**
プラド美術館玄関前

5　ハブスブルク家

**マルガリータ王女**
油彩、フアン・バウティスタ・マルティネス・デル・マソ、プラド美術館

**フェリペ 4 世像**
オリエンテ広場、マドリード

## 👑 フェリペ 4 世

- ■ 治世　　1621 年 3 月 31 日〜1665 年 9 月 17 日
- ■ 誕生　　バリャドリード、1605 年 4 月 8 日
- ■ 結婚
  - ● イサベル・デ・ブルボン（1602〜1644）、1615 年 11 月 15 日代理人によって結婚
  - ● マリアナ・デ・アウストリア（1634〜1696）、1649 年 10 月 7 日ナバルカルネロ（マドリード）で結婚
- ■ 子女　　イサベル・デ・ブルボンとの子女：
  - ● マリア・マルガリータ（1621）
  - ● マルガリータ・マリア・カタリーナ（1623）
  - ● マリア・エウヘニア（1625〜1627）
  - ● イサベル・マリア・テレサ（1627）
  - ● バルタサール・カルロス（1629〜1646）
  - ● マリア・アナ・アントニア（1635〜1636）
  - ● マリア・テレサ（1638〜1683）、フランス王ルイ 14 世王妃

  マリアナ・デ・アウストリアとの子女：
  - ● マルガリータ（1651〜1673）、神聖ローマ皇帝レオポルト 1 世皇后
  - ● マリア・アンブロシア・デ・ラ・コンセプシオン（1655）
  - ● フェリペ・プロスペロ（1657〜1661）
  - ● トマス・カルロス（1658〜1659）
  - ● カルロス（1661〜1700）、後のスペイン王カルロス 2 世
- ■ 庶子（抜粋）
  - ● フランシスコ・フェルナンド（1626）、母はチレル男爵の娘
  - ● フアン・ホセ（1629〜1679）、母は女優マリア・カルデロン「ラ・カルデローナ」
- ■ 前任者　　フェリペ 3 世
- ■ 後継者　　カルロス 2 世
- ■ 死去　　マドリード、1665 年 9 月 17 日
- ■ 墓所　　サン・ロレンソ・デル・エスコリアル修道院王廟、マドリード

# スペイン王家の歴史

**ブレダの開城** 油彩、ベラスケス、プラド美術館

宣言（1627、1647、1656、1662）を引き起こした壊滅的な財政危機を乗り越えるため、さまざまな行政・軍事改革を実行した。ヨーロッパではどの国でも同じような状況に陥っていたが、スペインの場合、高コストの対外政策が財政を圧迫していた。そこで税の引き上げや、新大陸からの貴金属送付の抑制、国債や公債の発行により、増大する出費を賄おうとした。しかし目的を達成するどころか、中央集権に対して多くの反乱が起こる結果となった。

一方オリバーレス伯公爵は、ヨーロッパにおけるスペインの覇権を維持しようと、いわゆる軍隊統合計画を実行した。そのためスペイン帝国各地に人口に応じた数の兵を募るよう要求した。徴兵を拒否したカタルーニャのコルテスを、オリバーレス伯公爵は停止させる。その結果、1640年に副王ダルマウ・ダ・ケラルトが暗殺され、カタルーニャ公国が反乱を起こした。同様の反乱が起きたポルトガルはこれをきっかけとして1644年、スペイ

**ベジエ全景** フランス

## 5　ハブスブルク家

ン王国からの完全独立を果たした。一連の暴動でオリバーレス伯公爵は失脚し、代わってルイス・デ・アロが権力の座に就いた。

ロクロワの戦い（1643年）で伝説の歩兵連隊テルシオがフランス軍に敗北し、ウエストファリア条約（1648年）によって、スペインはオランダの独立を承認させられた。その約10年後のピレネー条約（1659年）では、フランスにルザリョ、サルダーニャの一部、低地諸国を割譲した。こうしてスペインは帝国という名を捨てざるを得なくなった。

しかし芸術に関しては、黄金世紀が絶頂を迎え、スペイン文化史上、最も輝かしい時代となった。フェリペ4世はわずかな期間（1659～1665）、寵臣から離れて自ら政務を行ったが、赤痢にかかり、マドリードのアルカサル（城）で60年の生涯を閉じた。

**イサベル・デ・ブルボン**
油彩、ベラスケス、プラド美術館

### ■惑星王の王妃

イサベル・デ・ブルボンは、当時皇太子だったフェリペと1615年に結婚した。6年後、フェリペ3世の病死によりスペイン王妃となる。その時すでに長女マルガリータが生まれていたが、数ヵ月で死亡。続いて6人の子どもが生まれたものの、成人を迎えたのは、ベラスケスの絵に永遠の姿をとどめるバルタサール・カルロスと、太陽王ルイ14世と結婚してフランス王妃となったマリア・テレサだけだった。美しい上に聡明だったイサベルは、カタルーニャ戦争の時に摂政を務め、オリバーレス伯公爵の政治に公然と異議を唱えた。

1644年にイサベル王妃が死亡すると、フェリペ4世は大公マリアナ・デ・アウストリアと再婚した。神聖ローマ皇帝フェルディナント3世の娘で、もともと皇太子バルタサール・カルロスと婚約していたが、1646年に皇太子が早世したため、婚約は破棄となった。フェリペ4世との婚礼は1649年10月7日に行われた。何人もの子を産んだが、成人したのは王女マルガリータと、後のカルロス2世だけ。夫の死後は、フェリペ4世が認知した唯一の庶子、フアン・ホセの強い反対にあいながらも摂政を務めた。1696年、乳がんで死去した。

173

# カルロス2世　呪われた王

スペイン王国史上、最も痛ましい君主といえば、それはカルロス2世だ。ハプスブルク家の婚姻政策による近親婚のせいだろうか、生殖能力がなく、明らかに知的障害があった。王朝支配のために肉体的にも精神的にも操られた君主だった。

バチカンからマドリードの宮廷へきた教皇大使は、カルロス2世について以下のように述べている。「顔は醜い。首も顔も長く、あごがしゃくれている。下顎前突は典型的なハプスブルク家の遺伝だ。目はさほど大きくなく、瞳はトルコブルー、皮膚は薄くて柔らかい。(…)歩く時以外曲がっている体は、精神と同じく弱々しい。時折聡明で、記憶力に優れ、才気のある様子も見せるが今は違う。(…)要求されるままに行動し、自らの意思に欠けている」この言葉どおり、カルロス2世は生涯にわたって他人に操られ続けた。1661年11月6日、フェリペ4世とマリアナ・デ・アウストリアの息子としてマドリードで生まれたが、そんな外見になったのは魔法をかけられたせいだと見なされ、「呪われた王」と呼ばれた。

3歳の時に父フェリペ4世が他界し即位したため、母マリアナ・デ・アウストリアが摂政を務めた。貴族、聖職者、軍人や顧問会議のメンバーから成る統治評議会の助言を受け、寵臣フアン・エベラ

**カルロス2世像** レティーロ公園、マドリード

**フアン・エベラルド・ニタルド**　油彩、アロンソ・デル・アルコ、プラド美術館

5 ハプスブルク家

### 👑 カルロス2世

- ■ 治世　　1665年10月17日~1700年11月1日
- ■ 誕生　　マドリード、1661年11月6日
- ■ 結婚　　マリア・ルイサ・デ・オルレアンス（1662~1689）、
　　　　　　1679年11月11日キンタナパーリャ（ブルゴス）で結婚
　　　　　　マリアナ・デ・ネオブルゴ（1667~1740）、
　　　　　　1690年5月14日バリャドリードで結婚
- ■ 子女　　なし
- ■ 前任者　フェリペ4世
- ■ 後継者　フェリペ5世、ブルボン家
- ■ 死去　　マドリード、1700年11月1日
- ■ 墓所　　サン・ロレンソ・デル・エスコリアル修道院王廟、マドリード

**カルロス2世の肖像**　作者不詳、エル・エスコリアル修道院、マドリード

ルド・ニタルドに支えられての摂政政治だった。まもなくカルロス2世は、精神的・身体的な発達障害の兆候を示すようになった。5歳になってもうまく歩けず、9歳になっても読み書きができなかった。

神父ニタルドが行った対外政策がひどかったため、フェリペ4世の庶子フアン・ホセ・デ・アウストリアが蜂起した。謀反は成功し、フアンが実権を握ったものの、まもなくミラシエラ侯フェルナンド・デ・バレンスエラ（1636~1692）に取って代わられた。

14歳になると、カルロス2世は正式に即位し、バレンスエラを罷免した。異母兄フアン・ホセ・デ・アウストリアを再び摂政に迎え、母マリアナをトレドに隠棲させた。その1年後、カルロス2世はフランス王ルイ14世の姪マリア・ルイサ・デ・オルレアンスと結婚する。当初、マリアは夫を嫌悪していたが、やがて愛情

ルクセンブルク市街全景

## 2人の王妃

■ **カルロス2世　2人の妻**

カルロス2世は2度結婚したが、子どもを授からなかった。最初の妻、マリア・ルイサ・デ・オルレアンスは、1662年3月27日にパリで生まれた。不遇な夫の熱愛に応え、恋心とは違うものの、次第に深い愛情を抱くようになった。子どもがいなかったため、パリと、「産む」を意味する同音の動詞パリールをかけたこのようなざれ歌が、マドリードで流行った。

「産めよ、美しい百合の花、なんと皮肉なことか、
　産んだらスペインへ、産まなかったらパリへ」

1689年2月、急性虫垂炎で死亡したが、死の淵で夫に向かって「あなたは多くの妻をめとりましょう、しかしあなたを私より愛する人はおりますまい」といったと伝えられている。

その言葉は正しかった。次の王妃マリアナ・デ・ネオブルゴは1667年、デュッセルドルフでプファルツ選帝侯の娘として生まれた。背の高い、すらりとした美しい女性で、性格は前妻とまったく違った。野心的な策略家で、夫に愛情を抱くことはなかったが、宮中での地位を失わないための偽装妊娠は11回にも及んだ。独裁的で尊大な王妃は、臣下にも好かれなかった。夫の後継者として、自身の甥にあたるハプスブルク家カール大公を強く推したため、フェリペ5世の即位後はまずトレドに、後にフランスのバイヨンヌに追放された。

1739年、フェリペ5世の2番目の妻で、姪にあたるイサベル・デ・ファルネシオの求めにより宮廷に戻るが、年老いて病に侵され、世の中から忘れ去られて、1740年、グァダラハラのインファンタード宮殿で死亡した。

**マリアナ・デ・ネオブル**
油彩、ルカス・ホルダン、プド美術館

**マリア・ルイサ・デ・オルレアンス**　油彩、ホセ・ガルシア・イダルゴ、プラド美術館

5 ハプスブルク家

**フェルナンド・バレンスエラ**
油彩、フアン・カレーニョ・デ・ミランダ、プラド美術館

を抱くようになった。1689 年、マリアが子どもを残さないまま死去。翌 1690 年、カルロス 2 世はプファルツ選帝侯フィリップ・ヴィルヘルムの娘、マリアナ・デ・ネオブルゴと再婚した。

フアン・ホセ・デ・アウストリアの死後、その権力はオロペサ伯らの寵臣たちに引き継がれた。しかし壊滅的な財政状況と政治的・社会的危機によって平価切り下げが相次ぎ、経済が完全に崩壊した。これに追い打ちをかけたのが、1684 年と 1690 年の 2 度にわたる対フランス戦争だ。戦いは続き、1697 年にはフランス軍によってバルセロナが占領された。同年、ライスワイク条約が締結されて戦争は終結、ルイ 14 世はカタルーニャのフランス領、フランドル、ルクセンブルクをスペインに割譲した。

カルロス 2 世の治世の終わり頃は、各国からの政治的圧力が強まり、宮廷内は王位継承者を巡る陰謀にあふれた。継承者として有力視されていた、バイエルン選帝侯の息子である大公ホセ・フェルナンド・デ・ハプスブルクが、1699 年に死亡した。代わって候補に挙がったのが、神聖ローマ皇帝レオポルト 1 世の息子でフェリペ 3 世の曽孫カール大公と、ルイ 14 世の孫でフェリペ 4 世の曽孫アンジュー公フィリップの 2 人だった。王の母はカール大公を推したが、カルロス 2 世自身は、フランスの支援がなければ領土を維持できないと考え、フィリップを支持した。能力に限界があるといわれながらも、周りからの圧力に屈せず、カルロス 2 世は死の直前に、遺言でアンジュー公フィリップを王位継承者に指名した。

スペイン・ハプスブルク家最後の君主カルロス 2 世は、1700 年 11 月 1 日、39 歳になる数日前にマドリードで死亡した。

**フアン・ホセ・デ・アウストリア胸像（大理石）**
フアン・メルチョル・ペレス、プラド美術館

| スペイン王家の歴史

―――― 王の居城

# エル・パルド宮殿
## 王の狩場と住居

エル・パルド宮殿は、かつて小さな狩猟小屋だった。狩りを好んだカスティーリャ王エンリケ3世が、獲物の多いパルド山に建てさせたものだ。それから数世紀が経ち、カルロス1世の命令で、1547～1558年にかけて建物の拡張工事が行われた。ルイス・デ・ラ・ベガが設計し、フアン・デ・ベルガラが施工して宮殿のような住居が完成したときには、すでにフェリペ2世の治世になっていた。

しかし豪華な邸宅も、1604年3月13日の大火災によって大部分が失われた。再建を手掛けたのは、フランシスコ・デ・モラ。エル・エスコリアル修道院の工事をフアン・デ・エレーラから引き継いだ人物だ。さらに18世紀、カルロス3世王の指示で建築家フランシスコ・サバティーニが改築を行い、現在の姿になった。見所は、中央の中庭と、その両側の「ハプスブルク家の中庭」「ブルボン家の中庭」だ。いずれもスペイン式の城塞建

5　ハプスブルク家

## ■ マドリードの王立タペストリー工場

エル・パルド宮殿の壁を彩るタペストリーのコレクションは、華麗のひとことに尽きる。大半は王立タペストリー工場で織られたものだ。ブルボン家最初の王フェリペ5世が1721年、フランスの王立工場にならってこの工場を建てさせた。ユトレヒト条約の調印後、スペインとフランドルの通商関係には亀裂が入ったが、工場ができたおかげでフランドルのタペストリーを輸入する必要がなくなった。織物職人のヴァンデルホーテン一家が100年にわたって製作にあたり、ゴヤをはじめとする画家がタペストリーの下絵を手掛けた。

『パラソル』フランシスコ・デ・ゴヤによるタペストリーの下絵　プラド美術館

築の伝統を取り入れた、壮麗な空間である。またエル・パルド宮殿は、スペインで最初にスレート屋根を取り入れた建物のひとつでもある。

現在エル・パルド宮殿は、主にスペインを公式訪問した他国の元首の宿泊場所に充てられている。王室の行事にもほぼ必ず使用されている。国王フェリペ6世の婚約発表と、2004年5月22日のアルムデナ大聖堂での結婚式に先立つ晩餐会もここで催された。

エル・パルド宮殿　外観

# 6 ブルボン家

## 王国の新しい概念

- フェリペ 5 世　　活力王
- ルイス 1 世　　　愛おしの王
- フェルナンド 6 世　慎重王
- カルロス 3 世　　啓蒙王
- カルロス 4 世　　革命時代の王
- フェルナンド 7 世　期待の王
- イサベル 2 世　　悲運の女王
- アルフォンソ 12 世　ロマンチック王
- アルフォンソ 13 世　生まれながらの王
- フアン・デ・ブルボン　王位なき王
- フアン・カルロス 1 世　全スペイン国民の王
- フェリペ 6 世　　21 世紀の新国王

スペイン王家の歴史

# フェリペ5世　活力王

スペインの18世紀は、新しい王朝の到来とともに幕を開けた。ブルボン家のアンジュー公フィリップが即位し、フェリペ5世となったのだ。後継者を残さなかったハプスブルク家最後の君主、カルロス2世の死は、スペイン史の折り返し地点だったといえる。新しい国王は、ハプスブルク家が守ってきた特権を完全撤廃し、中央集権の絶対王政を導入した。

　アンジュー公フィリップは、グラン・デルフィン（王太子）と呼ばれたルイ・ド・フランスとマリア・アナ・クリスティーナ・デ・バビエラの次男として、1683年ヴェルサイユで生まれた。カルロス2世によってスペイン王位継承者に指名されたが、フランスの影響力がピレネーを超えて広がるのを阻止しようとしたヨーロッパの列強は、ハプスブルク家のカール大公を対立候補として擁立した。その結果、1701年にスペイン継承戦争が勃発。スペイン国内でも、カール大公を支持するアラゴンと、フィリップを支持するカスティーリャが対立した。長い血みどろの争いは、果てしなく続くかと思われたが、1710年、敗色が濃厚だったフランス側がブリウエガ=ビリャビシオーサの戦いに勝利し、フィリップ側が優位に立つ。スペインでフィリップに反対するのは、バルセロナだけになった。

　さらに、フィリップ側に有利となる出来

**ヴェルサイユ宮殿**　フランス

パルマ公フェリペ・デ・ブルボン（フェリペ 5 世の息子） 油彩、ジャン・ランク、プラド美術館

後のポルトガル王妃マリアナ・ビクトリア・デ・ブルボン（フェリペ 5 世の娘） 油彩、ニコラス・デ・ラルギリエール、プラド美術館

## フェリペ 5 世

- ■ 治世　1700 年 11 月 15 日～1724 年 1 月 14 日、1724 年 9 月 6 日～1746 年 7 月 9 日
- ■ 誕生　ヴェルサイユ（フランス）、1683 年 12 月 19 日
- ■ 結婚
  - マリア・ルイサ・ガブリエラ・デ・サボヤ、1701 年 11 月 2 日フィゲラス（ジローナ）で結婚
  - イサベル・デ・ファルネシオ、1714 年 12 月 24 日グァダラハラで結婚
- ■ 子女　マリア・ルイサ・ガブリエラ・デ・サボヤとの子女
  - ルイス 1 世（1707～1724）、スペイン王（1724）
  - フェリペ（1709）
  - フェリペ・ペドロ（1712～1719）
  - フェルナンド 6 世（1713～1759）、スペイン王（1746～1759）

　　　　イサベル・デ・ファルネシオとの子女
  - カルロス 3 世（1716～1788）、スペイン王（1759～1788）
  - フランシスコ（1717）
  - マリアナ・ビクトリア（1718～1781）、ポルトガル王ホセ 1 世妃
  - パルマ公フェリペ（1720～1765）、ブルボン＝パルマ王朝の創設者
  - マリア・テレサ（1726～1746）、皇太子ルイ（ルイ 15 世の息子）の妻
  - ルイス・アントニオ（1727～1785）チンチョン伯
  - マリア・アントニエタ（1729～1785）、サルデーニャ王ビクトル・アマデオ 3 世妃
- ■ 前任者　カルロス 2 世
- ■ 後継者　ルイス 1 世、フェルナンド 6 世
- ■ 死去　マドリード、1746 年 7 月 9 日
- ■ 墓所　ラ・グランハ・デ・サン・イルデフォンソ宮殿、セゴビア

フェリペ 5 世　油彩、ルイ＝ミシェル・ヴァン・ロー、プラド美術館

## フェリペ5世 2人の妻

**マリア・ルイサ・ガブリエラ・デ・サボヤ**は、1688年9月13日にトリノで生まれた。サヴォイア公およびサルデーニャ王ビクトル・アマデオ2世とフランス王ルイ14世の姪アナ・マリア・デ・オルレアンスの娘。13歳のときにスペイン王フェリペ5世とフィゲラス(ジローナ)で結婚する。まだ若かったが、王の側近のウルシーノ家の王女や大臣ジャン・オリーが影響力を持つなかで、王の不在時は聡明かつ慎重に摂政を務めた。4人の息子のうち、ルイス1世とフェルナンド6世の2人がスペイン王になった。1714年2月14日、マドリードで死亡した。

**マリア・ルイサ・ガブリエラ・デ・サボヤ** 細密画、ラ・グランハ・デ・サン・イルデフォンソ宮殿、セゴビア

**エリザベッタ・ファルネーゼ(スペイン語ではイサベル・デ・ファルネシオ)**は、1692年10月25日にパルマで生まれた。パルマ皇太子オドアルド・ファルネーゼとソフィア・ドロテア・デ・バビエラの第2子。権力の座に就くよう生まれついていた。というのもパルマの家系の男子は皆、後継ぎのないまま死亡していたので、フェリペ5世と結婚していなければ、彼女がパルマ王位に就くはずだったからだ。結局パルマ王位は、彼女の息子フェリペが継ぎ、ブルボン=パルマ王朝を創設した。

1714年、前妃の死後にフェリペ5世と結婚した。まもなく、その魅力的な肉体(顔には天然痘の痕があったが)と気性の強さで王を思いのままに動かすようになり、宮廷貴族のひんしゅくを買う。しかしイサベルは妻である前に母だった。前妃の遺した幼い子どもたちにはつらくあたる一方で、自分の息子たちを王位に就かせるためならあらゆる努力を惜しまなかった。政治家として優れ、ユトレヒト条約でスペインが失ったイタリアの領土を取り戻そうと、粘り強く策謀を巡らせた。その結果カルロス(後のスペイン王カルロス3世)のためにナポリ王国とシチリアを、フェリペのためにパルマ公国を手にいれた。

夫の死後、即位した前妃の息子フェルナンド6世の命で、ラ・グランハ・デ・サン・イルデフォンソ宮殿に追放され、幽閉された。フェルナンド6世が後継ぎを残さず死亡し、実の息子カルロスが王位に就くと宮廷に戻ったが、国政に干渉し続けたため再び追放される。1766年7月11日、隠棲していたアランフエスで亡くなった。

事が起こった。神聖ローマ帝国ヨーゼフ1世が後継者を残さないまま死去し、カール大公が皇帝に選出されたのだ。ハプスブルク家が再び神聖ローマ帝国とスペインに及ぶ大帝国を支配することまで望んでいなかった同盟者たちは、急に消極的になった。フランスと2国間協定を結んだイギリスに追随して、1713年、ユトレヒト平和条約が締結され、アンジュー公が新しいスペイン王、フェリペ5世として正式に承認された。

ブルボン王朝の創設は、スペインの政治における新しい時代の始まりを意味した。フェリペ5世は、啓蒙主義の精神に従って中央集権国家をつくり、絶対王政の基礎を築いた。つまり18世紀は、他のヨーロッパ諸国と同様の国づくりの世紀となった。

新王朝は「すべては国民のために、しかし国民は関与せず」をモットーに一連の改革を行った。国家財政の合理化と根本的な経済・行政改革が行われた。教育を改革し、教会の権利に対して国家権力を強めることがその基盤となった。

上:**カルドナ城** バルセロナ
右:**アルマンサの戦い** 油彩、リカルド・バラカ、スペイン下院、マドリード
左頁左:**イサベル・デ・ファルネシオ** 油彩、ルイ=ミシェル・ヴァン・ロー、プラド美術館
左頁右:**カテドラル広場** パルマ、イタリア

# 6 ブルボン家

# スペイン王家の歴史

**フランス王ルイ15世** 油彩、ルイ＝ミシェル・ヴァン・ロー、プラド美術館

**フェリペ5世とその一族** 油彩、ルイ＝ミシェル・ヴァン・ロー、プラド美術館

　フェリペ5世は洗練された人物で教養があり、信仰心も篤かったが、政務にも影響を及ぼすほど重い鬱病を患っていた。しかも、その症状はしだいに頻繁に現れるようになった。そのため、治世の初期はフランス人官僚から成る側近団に政治を委ねていた。側近団を束ねていたのはウルシーノ家の王女と呼ばれる人物だった。彼女は、王の祖父ルイ14世がパリから送る指示どおりに動いていた。この状況を権力を制限されたスペインの貴族や支配階級が快く思うはずがなかった。また長引く継承戦争の間、留守がちだった王に代わって、まだ若い王妃マリア・ルイサ・ガブリエラ・デ・サボヤが摂政を務めたのも問題だった。彼女は冷静で知的だったが、他人に操られやすいところがあった。

　バルセロナ降伏後の1714年以降、フェリペ5世は中央集権化を推し進めた。最初の妻が亡くなり、再婚したイサベル・デ・ファルネシオは、貴重な助言者となった。イサベルが宮廷からフランス人を排除し、代わりにイタリアの影響力を強めたのは、戦争によって失ったイタリアの領土を回復し、息子カルロスとフェリペの将来を確かにしたいという意図からだった。しか

6 ブルボン家

# 新たなる王朝

**レアル金貨の表裏** セビーリャで鋳造

しこれはイギリスの介入によりかなわなかった。

1723年、フェリペ5世は重い鬱の発作で退位を決意し、息子ルイスに王位を譲った。しかし数ヵ月後にルイスが死亡したため、再び王位に就くことになった。

2度目の治世でフェリペ5世の病状は悪化し、結局、国事のほとんどは王妃イサベルの手に委ねられた。ポーランドとオーストリアの継承戦争で、1733年と1743年にそれぞれフランスと家族協定を結んだことで、王子たちの将来は保証された。カルロス王子はナポリ王位を、フェリペ王子はミラノ領、パルマ公国を手に入れることになった。フェリペ5世はマドリードのビリャビシオーサ・デ・オドン城に隠居し、1746年7月9日に死亡した。

**フェリペ5世像** 大理石、ロベール・ミシェル、王立美術アカデミー、マドリード

| スペイン王家の歴史

# ルイス1世　愛された王

ルイス1世は、歴代のスペイン王の中で最も短命の王だった。非常に愛された王として人々に記憶されているのは、そのためだろう。束の間統治しただけの若く未熟な王であったために、当時の複雑な状況とは無縁でいられた。当時のスペインは、新しいブルボン王朝のもとで歩み始めたばかりだった。

　ブルボン朝ルイス1世の在位期間は、スペイン史上最も短く、わずか229日だった。ルイス1世は、フェリペ5世と最初の妻マリア・ルイサ・ガブリエラ・デ・サボヤの第1子として国を治めるために必要な教育を受けて育った。

　しかしこれほど早く王位を継ぐことになるとは、だれが予想していただろう。フェリペ5世は、精神状態の悪化を理由に退位したのだが、このときルイス1世はまだ16歳だった。確かにその時期がルイ14世の死と重なることから、アンジュー公フェリペには精神の病があり、スペイン王としては難がありながらも、フランス王位に就く可能性も想定されていたと考えられる。

　治世が短かった上、実際にはフェリペ5世がラ・グランハ宮殿（セゴビア）から統治の手綱をとり続けていたことから、歴史学ではルイス1世

**ルイ14世騎馬像**
ベリーニ、ルーブル美術館

の時代を、フェリペ5世の治世の延長とみなす向きもある。しかし1724年1月14日、ルイス1世が若くして即位したのは紛れもない事実である。

政務の経験もなく即位したとき、ルイス1世はフランス王女ルイサ・イサベル・デ・オルレアンスと結婚したばかりだった。王よりいくらか年が若く、ずっと無責任だった王妃は、非常識な振る舞いで宮廷の反感を買った。しかし数ヵ月後、天然痘に倒れた夫を感染の危険も

### ルイサ・イサベル・デ・オルレアンス　名前のない王妃（1709～1742）

ルイサ・イサベル・デ・オルレアンスは、1709年12月11日、マリー・フランソワーズ・ド・ブルボンとルイ・フィリップ・ド・オルレアンの第5女としてヴェルサイユに生まれた。ひたすら男子を望んでいた両親は、また女かと落胆して命名しなかったので、彼女はただ「モンペンシエのお嬢さん」と呼ばれていた。名前がついたのは、スペイン皇太子との結婚が決まってからだ。書類を書くにあたって、将来の夫である皇太子ルイスと、姑となるイサベル・デ・ファルネシオにちなみルイサ・イサベルという名がその場でつけられた。

婚礼は1722年1月20日にレマ（ブルゴス）で行われた。ルイサは12歳でルイスもまだ14歳だった。嫁ぐとすぐに名前をつけられなかったばかりか、放任されて育ってきたことが明らかになる。読み書きができず、ごく当たり前の行儀作法も知らず、やることといえば悪ふざけや遊び、そして飲酒だった。王妃になってからも公の場に泥酔して現れる始末で、ルイス1世はやむなくルイサをマドリードのアルカサル（城）に幽閉した。

ルイス1世はその後すぐに妻をまた自由にしたが、その数週間後に天然痘に倒れた。ルイサは自らの感染も恐れず懸命に看病したが、8月31日にルイス1世は死去、しばらくしてルイサ自身も天然痘にかかった。回復はしたが、フェリペ5世と王妃イサベル・デ・ファルネシオの命によりフランスの宮廷に戻される。パリのリュクサンブール宮殿で水腫により死去したのは32歳のときだった。

**ルイサ・イサベル・デ・オルレアンス**
油彩、ジャン・ランク、プラド美術館
**リュクサンブール宮殿**　パリ、フランス

ルイス1世　油彩、ミシェル・アンジュー・ウアセ、ラ・グランハ・デ・サン・イルデフォンソ宮殿、セゴビア

## ♛ ルイス1世

- ■治世　　1724年1月14日～1724年8月31日
- ■誕生　　マドリード、1707年8月23日
- ■結婚　　ルイサ・イサベル・デ・オルレアンス、
  　　　　　1722年1月20日マドリードで結婚
- ■子女　　なし
- ■前任者　フェリペ5世（第1期）
- ■後継者　フェリペ5世（第2期）
- ■死去　　マドリード、1724年8月31日
- ■墓所　　サン・ロレンソ・デル・エスコリアル修道院王廟、マドリード

顧みずかいがいしく看病して見直された。しかし看病もむなしく、即位から7ヵ月、18歳になったばかりでルイス1世は死去。

その後フェリペ5世が復位すると、未亡人となったイサベルは帰郷し、フランスの宮廷で1742年に生涯を終えた。

ラ・グランハ・デ・サン・イルデフォンソ宮殿庭園　セゴビア

# フェルナンド6世　慎重王

カルロス3世が改革と啓蒙の王であるなら、その兄である前王フェルナンド6世は、冷静沈着な知性にあふれる王として知られている。「慎重王」という名のとおり、用心深く慎重に物事にあたる人物だった。

　フェルナンド6世は、フェリペ5世と最初の妻マリア・ルイサ・デ・サボヤの4番目の息子だった。普通ならば王位に就きそうにない順位だが、ルイス1世をはじめ兄たちが早逝したので、1724年に皇太子となった。その5年後、ポルトガル王女バルバラ・デ・ブラガンサと結婚し、1746年父の死後に即位した。

　フェルナンド6世は、政治の才能はさほど際だっていなかったが、良き王となる資質を備えていた。教養にあふれ、誠実で、有能な協力者を見出す天分に恵まれていた。大臣たちに政治を任せてもうまくいったのはそのためである。大臣職を務めたエンセナーダやホセ・デ・カルバハルらが、幅広く合理的な改革プランを実行した。フランスとイギリスに対しては中立を保ち、平和の維持にも心を砕いた。こうしてフェリペ5世時代に始まった中央集権国家への王国再編が完成した。

　しかし1754年、ホセ・デ・カルバハルが亡くなり、リカルド・ウォールが後を継ぐと状況が一変する。親英家のウォールは、イギリスとフランスとの中立政策の解消へ

フェルナンド6世胸像　セゴビア

スペイン王家の歴史

サンティアゴのエスクード金貨　フェルナンド6世時代に鋳造

舵を切った。そのころにはフェルナンド6世が統括した改革事業は、造船事業の推進、道路、運河、港のネットワーク整備といった形ですでに成果を上げつつあった。また啓蒙主義の浸透を図るべく学芸が振興され、1752年にはサン・フェルナンド王立美術アカデミーが設立された。

カルバハルの死、エンセナーダの失脚、そして王妃の死が引き金となって、心を病んだフェルナンド6世は次第に錯乱状

大臣カルバハル　油彩、作者不詳、王立言語アカデミー、マドリード

態を呈するようになった。そのためマドリード近郊のビリャビシオーサ・デ・オドンに幽閉され、1759年8月10日に45歳で死去した。治世は13年間だった。

### フェルナンド6世

- ■ 治世　　1746年7月9日〜1759年8月10日
- ■ 誕生　　マドリード、1713年9月23日
- ■ 結婚　　バルバラ・デ・ブラガンサ、1729年1月19日バダホスで結婚
- ■ 子女　　なし
- ■ 前任者　フェリペ5世（第2期）
- ■ 後継者　カルロス3世
- ■ 死去　　ビリャビシオーサ・デ・オドン（マドリード）、1759年8月10日
- ■ 墓所　　ラ・ビシタシオン王立修道院（サレサス・レアレス修道院）、マドリード

フェルナンド6世　ペレグリーニ、海軍博物館、マドリード

## ■ バルバラ・デ・ブラガンサと、サレサス・レアレス修道院

ポルトガル王ジョアン5世とマリア・アナ・デ・アウストリアの娘バルバラ・デ・ブラガンサは、1711年12月4日にリスボンで生まれた。類いまれな知性に恵まれた（6ヵ国語を習得）女性だったという。1729年、当時のスペイン皇太子フェルナンドと結婚。がっしりとした体格は女性としてあまり魅力的とはいえなかったものの、善良で、誠実に夫を愛した。夫もまた深い愛情でそれに応えた。高い教養、音楽好き、多少の抑鬱傾向など、共通点の多い2人は固い絆で結ばれて穏やかな夫婦生活を送った。

バルバラ・デ・ブラガンサ
細密画、18世紀

1758年に王妃が亡くなると悲しみに打ちひしがれたフェルナンド6世は正気を失い、1年後、ビリャビシオーサ・デ・オドン城で死去した。遺体は王妃の遺体とともにマドリードのラ・ビシタシオン王立修道院、別名サレサス・レアレス修道院に埋葬された。

フランソワ・カルリエとフランシスコ・モラディーリョが設計したこの修道院は、未亡人になったときの隠居所にと王妃が1750年頃に建てさせたものだった。貴族の子弟を教育する学校としての機能も持たせるなど、王妃は建築に全面的に関わった。莫大な建築費を揶揄して、宮廷では次のように風刺する歌が流行ったといわれている。「ばかげた建物、ばかげた恩給、ばかげた出費、ばかげた王妃」1870年以降、修道院の建物は裁判所となったが、教会は残り、今も信徒が訪れている。

リスボン市街（一部）

バルバラ・デ・ブラガンサ像
ラ・ビリャ・デ・パリス広場、マドリード

| スペイン王家の歴史

王の居城

# ラ・グランハ・デ・サン・イルデフォンソ宮殿

## バロックの華

　フェリペ5世お気に入りの宮殿は、間違いなくラ・グランハ・デ・サン・イルデフォンソ宮殿である。生まれ育ったヴェルサイユに似ていたこともあるだろう。宮殿と庭園は18世紀スペイン建築最高傑作のひとつである。グランハ（農園）という名前は15～18世紀にかけてヒエロニムス会の修道士が開拓した農牧用地だったことに由来する。その周辺に住宅建設を推し進め、王室の避暑地としたのはフェルナンド6世だった。続いてカルロス3世が土地を開発し、「厩舎」「王子たちの館」「公館」「参事会員館」を建設させた。

　宮殿の建築はフェリペ5世の命により、1721年に始まった。宮廷建築家のテオドロ・アルデマンスが設計図を引き、助手のフアン・ロマンや、マドリード王宮建築にも携わったフェリペ・フバラとサッケッティが施工した。こうしてヴェルサイユの影響と、スペイン・イタリアのバロック様式の片鱗をもうかがわせる華麗な宮殿ができあがった。

　宮殿の正面に立つと、誰もがその壮麗さに圧倒される。基本的な建材は地元セゴビアのセプルベダから切り出された石で、装飾の彫刻にはイタリア・カラーラの大理石が使われている。独特なピン

ラ・グランハ王立
ガラス工場の製品

### ■ 王立ガラス工場

ラ・グランハ・デ・サン・イルデフォンソ宮殿の見所は、王宮と庭園だけではない。歴史地区の入口、「王の厩舎」「近衛兵舎」の間にある「セゴビアの門」「新門」も必見だ。そして宮殿近くには、1727年設立の「王立ガラス工場」がある。ヨーロッパ産業建築の模範とされる建物だ。長方形をした広大な土地に何棟もの作業場が並び、延べ床面積は25000平方メートルにのぼる。1997年には、カスティーリャ・イ・レオン自治州政府によりスペイン文化遺産に登録された。現在、工場内に「国立ガラスセンター」「ガラス技術博物館」「ガラス工芸学校」が併設されている。

クの色調を帯びた外壁が、夕陽に染まる様子はまさに圧巻だ。

内部の家具調度や装飾品も素晴らしいが、特に注目すべきが王室礼拝堂である。宮殿が完成（1761年）してまもなく、サンティシマ・トリニダード王立参事会教会の中に作られた。フェリペ5世と2番目の妻でカルロス3世の母であるイサベル・デ・ファルネシオのバロック様式の墓は、この「聖遺物の礼拝堂」とも呼ばれる礼拝堂の中にある。

庭園は146ヘクタールに及ぶ広さで、そのうち67ヘクタールは緑濃い森である。池を取り巻く26ヵ所の彫刻や、壮観な噴水装置の装飾は、ティエリー、デマンドレ、ピトゥエ、フェルミン、ブソウらが制作した。園内には「海」と呼ばれる人工湖もあり、近くの山々から流れ込む水を庭園の池に供給している。湖畔にたたずみ、しばし景色に見入るのは得難いひとときだ。

ラ・グランハ宮殿には、王家の歴史が刻まれている。カルロス4世とマリア・ルイサ・デ・パルマは、ここで婚約式を執り行った。マリア・クリスティーナの摂政時代には勅令（1836年）の署名が行われ立憲君主制への扉が開かれた。そして1913年には、前国王フアン・カルロスの父であるバルセロナ伯フアン・デ・ブルボンがここで誕生した。

ラ・グランハ・デ・サン・イルデフォンソ宮殿

# カルロス3世　啓蒙王

カルロス3世は、その時代の呼び名「光の世紀」を体現するかのように、スペイン史上にその名が輝く君主である。即位から死に至るまで、絶えず有能な大臣に恵まれ、貿易・産業・金融を発展させた。

　カルロス3世は、フェリペ5世と2人目の妻イサベル・デ・ファルネシオとの間の第1子として生まれた。野心的な母イサベルにとって、カルロス3世は政治というチェス盤の駒のひとつだった。1731年、イサベルは自分の相続財産の一部であるパルマ、ピアチェンツァ、トスカーナ各公国の支配権をカルロスに譲った。さらに、イタリアにおけるスペインの影響力を回復しようと、1734年のポーランド継承戦争でフェリペ5世が征服したナポリ王国の王位に就かせた。ところが、異母兄フェルナンド6世が後継者を残さず死亡すると、カルロス3世はスペイン王位を継ぐことになった。ナポリ王位は息子のフェルナンド（フェルディナンド4世）に委譲されたが、当時わずか8歳だったために摂政会議が監督した。

　カルロス3世のスペインでの治世は、滑り出しから順調というわけではなかった。即位後、間もなく着手した幅広い改革は、伝統的な社会・政治・経済の秩序まで変えたわけではなかったが、貴族と聖職者などの保守層は、特権を失うことを恐れて強く反発した。

　1766年にエスキラーチェの暴動が起

左：**ナポリ王フェルディナンド4世**　油彩、アリトン・ラファエル・メングス、プラド美術館
上：**カルロス3世**　油彩、アリトン・ラファエル・メングス、プラド美術館

**エスキラーチェ暴動** リトグラフ、1766年

**カルロス3世像** ラ・グランハ王立ガラス工場、セゴビア

こった。新しい王と大臣たちによる改革主義に反対する保守派の反乱で、当時の大臣にはエスキラーチェ、アランダ、カンポマネス、フロリダブランカ、グリマルディといった優れた人物が名を連ねていた。

最初の困難を乗り越えると、カルロス3世は、地方の権力機構と財政を再編した。同時に教会権力に歯止めをかけ、異端審問所の権限を小さくした。教会の不動産の取得も制限し、暴動の首謀者だとしてイエズス会士を1767年に国外追放した。

また、シエラ・モレナなど過疎地域への移住を促進するため、ラ・カロリーナやラ・

**ナポリ湾全景**

# カルロス3世

- **治世** 1759年8月10日～1788年12月14日
- **誕生** マドリード、1716年1月20日
- **結婚** マリア・アマリア・デ・サホニア、
  1738年5月9日ドレスデン（ドイツ）で代理人によって結婚、
  1738年6月19日ポルテッラ（イタリア）で承認
- **子女**
  - マリア・イサベル・アントニア（1740～1742）
  - マリア・ホセファ（1742）
  - マリア・イサベル・アナ（1743～1749）
  - マリア・ホセファ（1744～1801）
  - マリア・ルイサ（1745～1792）、
    神聖ローマ皇帝レオポルト2世皇后
  - フェリペ・アントニオ（1747～1777）、
    精神障害により王位継承者から除外
  - カルロス4世（1748～1819）、スペイン王（1788～1808）
  - マリア・テレサ（1749）
  - フェルナンド（1751～1825）、両シチリア王
  - ガブリエル（1752～1788）
  - アナ・マリア（1754～1755）
  - アントニオ・パスクアル（1755～1817）
  - フランシスコ・ハビエル（1757～1771）
- **前任者** フェルナンド6世
- **後継者** カルロス4世　　■**死去**　マドリード、1788年12月14日
- **墓所** サン・ロレンソ・デ・エル・エスコリアル王廟、マドリード

**カルロス3世**　油彩、アントニオ・ラファエル・メングス、プラド美術館

カルロータといった新しい村をつくり、山賊を一掃して、アンダルシアとカスティーリャ間の交通を改善した。この改革路線の延長上に穀物の「自由貿易」規則の公布や、王家直轄の農地での試験栽培がある。さらにフィリピンなどの交易会社を通して植民地貿易を推進し、アメリカ大陸との通商を自由化した。

軍隊の抜本的な組織改革も行い、スペイン国軍に勅令（1768年）を出した。この勅令は、20世紀まで効力を発揮していた。

啓蒙専制主義の精神に従い、世襲の称号と関係なく個人の功績を称えようと、

**アルカラ門　ネプチューン像、シベーレス像**
マドリード

## ■ マドリード市長王

カルロス3世は、最も優れたマドリード市長だったといわれている。スペインの首都が現在の姿になったのは、その施策によるところが大きい。都市工学のルールに従い、初めて首都の拡張を手掛けたのがカルロス3世である。現在の街の中心にあたるカステリャーナ通り、プラド通り、アルカラ通りは当時建設され、噴水(シベーレス、ネプチューン、アポロ)や記念碑(アルカラ門)が造られた。建築家フアン・デ・ビリャヌエバが手がけたプラド美術館(建築当時は自然科学博物館)やアルカラ通りにある王立税関、ソフィア王妃芸術センター(旧サン・カルロス病院)もこのころの建物である。さらに国民が楽しめる王立植物園といった公園を開設し、1738年から再建を始めた現王宮(オリエンテ宮殿)の工事も完成させた。昔あったハプスブルク家のアルカサル(城)は、1734年のクリスマスイブに起きた大火災で焼失していた。

## スペイン王家の歴史

スペイン国旗

**フロリダブランカ** アントニオ・ラファエル・メングス（伝）スペイン銀行、マドリード

王はカルロス3世勲章を創設した。同時に「祖国の友・経済協会」を通して民間の発意をあおり、大学を王室の保護下に置いて、マドリードに中等教育のモデル機関となるサン・イシドロ王立研究所（1770年）を設立した。また一連の王立工場（大砲、刀剣、磁器など）を建てたことで、質の高い工業製品が生産されるようになった。

外交では、1761年に第3回家族協定を締結。これはフェルナンド6世の中立政策を解消して、イギリスと敵対関係にあるフランス側につくことを意味した。7年戦争（1756〜1763）やアメリカ合衆国の独立戦争（1775〜1783）に加わったのも、このフランスとの協調路線からだった。

しかし国庫の財政状態は厳しく、フェルナンド6世の平和主義政策を再び取らざるを得なくなった。このころ、最初

**アメリカ独立の歓喜**（部分） 油彩、ジョン・トランブル、エール大学美術館、コネティカット州、アメリカ合衆国

の国立銀行であるサン・カルロス銀行が設立された。

　1788年にカルロス3世が死亡すると、改革主義政策は大きく後退し、翌年のフランス革命勃発後は、その傾向がさらに強まった。しかしカルロス3世の業績はスペインに今も息づいている。国家のアイデンティティの象徴である国歌と国旗が定められ、放射状道路網が建設されて国内交通が便利になった。マドリードが衛生的で、国家経済の中心にふさわしい豊かな首都になったのもカルロス3世の治世だった。

**廷臣の前で食事をするカルロス3世**　油彩、ルイス・パレ・イ・アルカサル、プラド美術館

## ■ マリア・アマリア・デ・サホニア　良き伴侶

　フェルナンド6世にとって、妻のバルバラ・デ・ブラガンサが公私にわたる最大の支えだったのと同様に、カルロス3世にとって、妻のマリア・アマリア・デ・サホニアはこの上ない伴侶だった。

　マリア・アマリアは、ザクセン公で後のポーランド王フリードリヒ・アウグスト2世とマリア・ホセファ・デ・アウストリアの娘として、1724年11月24日、ドレスデンで生まれた。13歳で、当時ナポリとシチリアの王だったカルロス3世と結婚し、13人の子どもをもうけた。政略結婚だったが、20年以上にわたる夫婦生活は愛にあふれていた。王妃を亡くしたときにカルロス3世が、「アマリアが私を苦しめたのは、これが初めてだ」と嘆いたほど、仲睦まじい夫婦だった。
　1759年、カルロス3世がスペイン王位に即位で、マリア・アマリアもスペインにやって来たが、スペイン王妃の地位を享受する時間はほとんどなかった。翌1760年9月27日、結核によりマドリードで死亡したからである。カルロス3世はその後、2度と結婚しなかった。

**マリア・アマリア・デ・サホニアの肖像**
ルイ・ド・シルヴェストル、プラド美術館

スペイン王家の歴史

# カルロス4世　革命時代の王

カルロス4世は、歴代スペイン王の中でも評価が分かれる君主のひとりである。高い教養と生来の善良さを兼ね備えた好人物だったが、国務にはまったく興味がなく、寵臣ゴドイのいいなりだった。

　カルロス4世は、父カルロス3世のナポリ王時代に、ポルティチで生まれた。1788年にスペイン王位を継いだ。初めの数ヵ月は、父王の改革主義を完全に踏襲していたが、1789年にフランス革命が起こると、フロリダブランカ伯爵をはじめとする啓蒙派の大臣たちが手がけた改革計画が頓挫する。滞納した税金の免責や、パンの価格制限などの政策は棚上げされ、イベリア半島の伝統にそぐわないとして、カルロス4世自ら廃止を提案していたサリカ法もそのままになった。

　カルロス4世は、フランスの革命思想のスペインへの流入を恐れ、コルテスを閉鎖し、孤立主義政策を進めた。そしてついには、フェルナンド6世とカルロス3世の時代に締結した家族協定（フランスとの同盟）も中断してしまう。

　しかし1792年、マヌエル・デ・ゴドイが宰相の座に就くと、政府の方針は再び変わった。ゴドイは、一介の近衛兵からのし上がった男だったが、王妃マリア・ルイサにも大きな影響力を持つ啓蒙思想の持ち主だった。応用科学教育を広め、

**カルロス4世の一族（部分）**　油彩、フランシスコ・デ・ゴヤ、プラド美術館

ルイ16世　油彩、ルイ・アントワーヌ・フランソワ・カレ、ルーブル美術館

「祖国の友・経済協会」の権益を守ろうと改革政策を推し進め、財政再建のために宗教団の資産を売却した。さらにカルロス4世に「世界の宰相」と呼ばれたゴドイは、ルイ16世処刑後のフランスに対してヨーロッパ諸国が仕掛けた「国民公会戦争」に、スペインを巻き込んだ。諸国連合側についたスペインは敗北を喫し、1795年にフランス革命政府とバーゼルで講和条約を結ぶ。革命の狂乱が収まった1796年、スペインはサン・イルデフォンソ条約に調印し、今度はフランスと同盟関係を結んだ。そのころのフランスはナポレオンが権力を掌握し、別の体制に生まれ変わっていた。

　1801年、ゴドイは、カルロス4世の名でポルトガルに宣戦布告する（オレンジ戦争）。ポルトガルはイギリスと同盟関係にあり、フランスの敵だった。その結果、1807年にゴドイは、カルロス4世から全権を与えられてフォンテーヌブロー条約を締結した。この条約で、ポルトガル占領のためフランス軍がスペインを通過する権利を認めること、フランスとスペイン、そしてゴドイ自身の3者間で将来ポルト

バーゼルの和約
王立サン・フェルナンド美術アカデミー

| スペイン王家の歴史

## 寵臣に操られた王

### 👑 カルロス4世

- ■治世　1788年12月14日〜1808年3月19日
- ■誕生　ポルティチ、ナポリ（イタリア）、1748年11月11日
- ■結婚　マリア・ルイサ・デ・パルマ、1765年9月4日パルマ（イタリア）で代理人によって結婚
- ■子女
  - カルロス・クレメンテ（1771〜1774）
  - カルロータ・ホアキーナ（1775〜1830）、ポルトガル王ジョアン6世妃
  - マリア・ルイサ（1777〜1782）
  - マリア・アマリア（1778〜1798）、おじにあたるスペイン王子、アントニオ・パスクアル・デ・ブルボンと結婚
  - カルロス・エウセビオ（1780〜1783）
  - マリア・ルイサ（1782〜1824）、エトルリア王ルイス・デ・ブルボン＝パルマ妃
  - カルロス・フランシスコ（1783〜1784）
  - フェリペ・フランシスコ（1783〜1784）
  - フェルナンド7世（1784〜1833）、スペイン王（1808、1813〜1833）
  - カルロス・マリア・イシドロ（1788〜1855）
  - マリア・イサベル（1789〜1848）、両シチリア王フランチェスコ1世妃（ナポリ王妃）
  - マリア・テレサ（1791〜1794）
  - フェリペ・マリア（1792〜1794）
  - フランシスコ・デ・パウラ（1794〜1865）
- ■前任者　カルロス3世
- ■後継者　フェルナンド7世
- ■死去　ローマ、1819年1月20日
- ■墓所　サン・ロレンソ・デ・エル・エスコリアル修道院王廟、マドリード

**カルロス4世**　油彩、フランシスコ・デ・ゴヤ、マドリード王宮

206

**ゴドイ**　油彩、ホセ・デ・マドラーソ

ガルを分割することが合意された。

　カルロス4世はゴドイのすることになんら口を挟まなかった。しかし長引く戦争による財政危機やフランス軍のスペイン国内の駐留に対して、宮廷の保守派からのゴドイへの反発が大きくなる。皇太子フェルナンドを擁した保守派は、エル・エスコリアルの陰謀（1807年）には失敗したが、1808年3月アランフエス暴動でカルロス4世を退位させ、ゴドイを失脚させた。ナポレオンはカルロス4世の求めに応じ、王朝内の争いを調停するため、バイヨンヌに王族を呼び寄せる。カルロス4世はバイヨンヌで復位するとすぐにナポレオンに王位を譲り、ナポレオンは兄のホセ1世をスペイン王に指名した。するとその数日後の5月2日、マドリードの暴動を皮切りに、スペインの民衆がフランス軍に対して蜂起した。カルロス4世はナポレオンの保護下に置かれ、コンピエーニュ（フランス）に幽閉された。

　1813年に、フェルナンド7世がスペイン王位を取り戻し、翌年戦争が終わった。カルロス4世は王妃マリア・ルイサとともにローマに退き、余生をバルベリーニ宮殿で過ごした。亡くなったのは1819年1月20日、王妃の死から18日後だった。

**アルプスを超えるナポレオン**　油彩、ジャック＝ルイ・ダヴィッド、ルーブル美術館

裸のマハ　油彩、フランシスコ・デ・ゴヤ、プラド美術館

■ **マリア・ルイサ・デ・パルマ**

マリア・ルイサ・デ・ブルボン=パルマ（1751年12月9日パルマ生まれ、1819年1月2日ローマで死去）は、カルロス4世の妻でスペイン王妃。フランス王ルイ15世の孫で、ブルボン・パルマ家のフェルディナンド1世の妹、フランス王ルイ16世、ルイ18世、シャルル10世の従姉妹だった。パルマ公フェリペ1世と、ルイ15世の娘であるフランス王女エリザベートとの間に生まれ、歴史学者にいわせれば、「問題のある」教育を受けて育った。教育を施した修道院長コンディヤックが、道徳に関して一定の自由を認める人物だったからだ。それは、当時にしてみれば、貴婦人にあるまじきことだった。

1765年、後にカルロス4世となるスペイン皇太子と結婚。カルロスはマリア・ルイサの父方の従兄弟で、母方でも近い親戚だった。

1788年、カルロス3世の死去により、夫カルロス4世がスペイン王に即位。スペイン王妃となる。

意思の弱い夫を、マリア・ルイサは支配していた。気まぐれな性格で、数多くのエピソードから、策略家とも堕落した女性ともとらえられていた。度重なる出産で体が損なわれ、衰えた容貌が不人気に拍車をかけた。ゴヤの描いた肖像画でわかるように、パリから取り寄せた高価なドレスや宝石に身を包み、美しく見せようとしていたのだが。

宮廷には敵が多かった。ゴヤのミューズだったアルバ公爵夫人とのライバル関係は有名だ。オスーナ公爵夫人とも不仲だった。

多くの男性との噂もあった。なんといっても有名なのはマヌエル・ゴドイで、近衛兵からのし上がったゴドイが、国政を支配するまでに至ったのは、王妃とカルロス4世を意のままに操る術を心得ていたからだろう。

ゴドイが失脚し、カルロス4世が退位に追い込まれた後、マリア・ルイサは夫とともに国外追放された。最初はフランスのコンピエーニュで、ナポレオンに幽閉された。その後、移り住んだローマで死亡した。すでにスペイン王となっていた息子フェルナンド7世は、両親の遺体を移送させて、マドリードのエル・エスコリアル修道院の王廟に埋葬した。

**マリア・ルイサ・デ・パルマ**　油彩、フランシスコ・デ・ゴヤ　プラド美術館

## トラファルガーの戦い

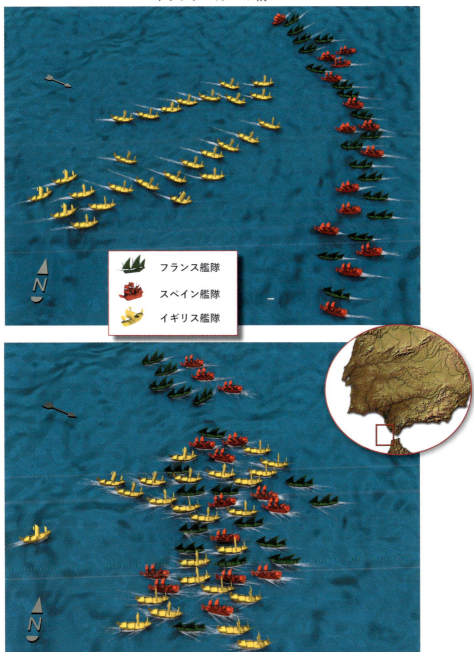

# フェルナンド7世　期待の王

スペインの歴史で、フェルナンド7世ほど振り回された王はほかにいないだろう。浅薄で感化されやすく、政治的センスに欠けていた王は、周りの人間にとって都合のよい操り人形だった。不運なことに、その側近も政治がよくわかっていなかった。

フェルナンド7世は1784年10月14日、カルロス4世とマリア・ルイサ・デ・パルマの第9子としてエル・エスコリアルで生まれた。保守的な聖職者エスコイキスのもとで教育を受け、父の寵臣だったゴドイを憎んで育った。両親がゴドイに王位継承権を譲渡してしまうだろうと思っていたからである。

意志が弱く、他人に左右されやすかったフェルナンド7世は、周囲に運命をもてあそばれながら生涯を送った。そのよい例が、いわゆる「フェルナンド派」である。フェルナンドを担ぎ出した貴族たちは、アランフエスの暴動を扇動し、カルロス4世を退位に追い込んだ。皇太子だったフェルナンドは一旦即位したものの、その後のバイヨンヌ会談の結果、王位はホセ1世の手に渡った。これがきっかけで、フェルナンド7世は「期待の王」と呼ばれるようになった。

カディスに召集されたコルテス（身分制議会）は、フェルナンド7世を正当な王と考え、議員たちはフェルナンドが復位し、1812年に可決されたばかりのカディス憲法を承認して、新しい時代を始めてくれることを期待していた。だが、そうはならなかった。

スペイン独立戦争で多くの命が失われている間、フェルナンド7世は、ヴァランセで優雅な亡命生活を送り、その後王位を回復してからは、カディス憲法を承認するどころか、新たに絶対王政を敷き、憲法の擁護派を容赦なく迫害した。治世の

1812年憲法・口絵（公布後の再版）

6 ブルボン家

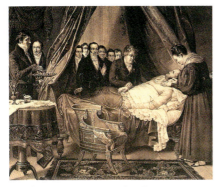

死の床にあるフェルナンド7世　リトグラフ

初期には、親仏派と立憲主義者の粛清を行ったため、やがて自由主義者による蜂起が相次ぐようになる。

ついには1820年に、カベサス・デ・サン・フアンでリエゴ大佐による蜂起が起こり、ここにきてフェルナンド7世は、憲法への誓約をせざるを得なくなった。こうして、「自由主義の3年間」（1820～1823）が始まる。カディスの改革主義政策が進められ、階級特権は廃止になり、刑法が改正されて、1812年のカディス憲法が改めて発効した。

そのころ、いわゆる神聖同盟（オーストリア、プロイセン、ロシア）に後押しされた「聖ルイの十万の息子たち」と呼ばれる大軍が、ピレネーを越えてスペインに侵攻した。外国からの支援を受けて、保守派は改革主義政策に対抗する。その結果、大きな抵抗なしに絶対王政が復活し、フェルナンド7世の最後の統治が始まった。カディス憲法は再び廃止され、1820年1月当時の旧体制が復活した。

しかし治世の最後の数年間、フェルナンド7世は後継者問題に悩むことになる。

王の健康状態から後継者選びは急務となったが、4度目の結婚で授かったのは、イサベルとルイサ・フェルナンダという娘だけだった。1713年以降、サリカ法によって女子は王位に就けないことになっていたが、抜け道があった。カルロ

フェルナンド7世
油彩（部分）、ビセンテ・ロペス、プラド美術館

スペイン王家の歴史

マリア・ホセファ・アマリア・デ・サホニア　油彩、ビセンテ・ロペス、プラド美術館

詩人王妃

## 王の4人の妻

フェルナンド7世は4回結婚した。まず、王子だった1802年10月4日に、バルセロナでマリア・アントニア・デ・ナポレス（1784～1806）と結婚した。2度の流産の後、ゴドイに毒を飲まされたというでたらめな噂がささやかれる中で、若き妻は1806年5月に死亡する。結核だった。

2番目の妻はマリア・イサベル・デ・ブラガンサ（1797～1818）。姉のポルトガル王妃カルロータ・ホアキーナの娘である。つまり、叔父と姪との結婚だった。お世辞にも美しいとはいえず、持参金も少なかったマリア・イサベルを、マドリード市民は「貧しく、醜い、ポルトガル人……、そら見たことか！」と中傷した。優しく慎み深く繊細な王妃は、王女マリア・ルイサ・イサベルを産んだが、わずか6ヵ月で亡くしてしまう。1年後、再び懐妊するが、てんかんの発作で今度は王妃本人が命を落とした。しかし彼女は美術館を遺した。スペインにとって貴重な財産となっているプラド美術館である。

その9ヵ月後、フェルナンド7世は3度目の結婚をする。妻はドイツ王女マリア・ホセファ・アマリア・デ・サホニア（1803～1829）で、15歳という若さだった。詩を愛する、極めて内気な信心深い少女で、教皇が説得にのり出して初めて、結婚に応じたほどだった。彼女も子どもを残さないまま、10年後に死亡する。

そして最後の妻となったのが、ナポリ王女マリア・クリスティーナ・デ・ブルボン（1806～1878）だ。やはり姪にあたるこの王妃を、フェルナンド7世はことのほか愛した。仲睦まじい夫婦の間には、後のイサベル2世と、ルイサ・フェルナンダが生まれた。妹のルイサの娘が、フアン・カルロス1世の母メルセデスである。マリア・クリスティーナは、肉体的にも精神的にもフェルナンド7世を満足させた唯一の妻だった。また王妃としての資質も備え、夫が死亡すると、幼い娘の摂政となって政務を果たした。

マリア・クリスティーナ・デ・ブルボン　油彩、ビセンテ・ロペス、ロマン派美術館、マドリード

プラド美術館正面

## 👑 フェルナンド7世

- ■ 治世　　1808年3月19日～1808年6月6日
　　　　　　 1813年11月11日～1833年9月29日（復位）
- ■ 誕生　　エル・エスコリアル（マドリード）、1784年10月14日
- ■ 結婚　　● マリア・アントニア・デ・ナポレス（1784～1806）、
　　　　　　　1802年10月4日バルセロナで結婚
　　　　　　● マリア・イサベル・デ・ブラガンサ（1797～1818）、
　　　　　　　1816年8月28日カディスで結婚
　　　　　　● マリア・ホセファ・アマリア・デ・サホニア（1810～1829）、
　　　　　　　1819年10月20日マドリードで結婚
　　　　　　● マリア・クリスティーナ・デ・ブルボン（1806～1878）、
　　　　　　　1829年12月11日アランフエス（マドリード）で結婚
- ■ 子女　　マリア・イサベル・デ・ブラガンサとの子女：
　　　　　　● マリア・ルイサ・イサベル（1817～1818）
　　　　　　マリア・クリスティーナ・デ・ブルボンとの子女：
　　　　　　● イサベル2世（1830～1904）、スペイン女王
　　　　　　● ルイサ・フェルナンダ（1832～1897）、モンペンシエ公妃
- ■ 前任者　カルロス4世
- ■ 後継者　イサベル2世
- ■ 死去　　マドリード、1833年9月29日
- ■ 墓所　　サン・ロレンソ・デ・エル・エスコリアル修道院王廟、マドリード

**フェルナンド7世**　油彩、フランシスコ・デ・ゴヤ、王立サン・フェルナンド美術アカデミー

**誕生直後のイサベル2世**　油彩（部分）、ビセンテ・ロペス、マドリード王宮

ス4世の時代、コルテスがサリカ法を廃止する国王勅諭を承認していたのだ（1789年）。問題解決を急いだフェルナンド7世は1830年、サリカ法廃止の勅諭を発布した。

反旗を翻したのが、王の弟カルロス・マリア・イシドロを王位継承者と主張する宮廷の保守派である。彼らは勅諭の法的正当性を否定し、1832年病状のすぐれないフェルナンド7世に勅諭を取り下げさせる。ところが王の体が回復すると、王妃マリア・クリスティーナの助言により、再び勅諭は有効と宣言した。

こうしてフェルナンド7世の逝去後、まだ3歳だった長女イサベルが女王に任命され、イサベル2世として国を治めることになった。

**王女ルイサ・フェルナンダ**
油彩、フェデリコ・デ・マドラーソ、アルカサル、セビーリャ

スペイン王家の歴史

―――― 王の居城

# アランフエス離宮
## タホ川の岸辺の天国

アランフエス

アランフエス王宮はタホ川の左岸に建っている。14世紀には、サンティアゴ騎士団の居館があった土地だ。1561年頃、フェリペ2世はこの場所に新しい住居を建てようと考え、フアン・デ・エレーラに設計を依頼した。しかし1660〜1665年にかけて火事が相次ぎ、城は焼け落ちた。現在の建物ができたのは、フェリペ5世が再建に力を注いだからである。1717年、王は建築家ペドロ・カロ・イドロゴにヴェルサイユ風の宮殿の設計を依頼した。

こうしてレンガを基本とした台座、角、軒蛇腹(のきじゃばら)、バルコニー、門にはコルメナール産の石を使った荘厳な建物ができあがった。その後も、ボナビアが工事を引き継ぎ、フェルナンド6世の治世にファサードと両翼ができた。その後、カルロス3世の時代になってサバティーニが工事を完了させて現在の姿となった。

外観も荘厳で華麗だが、まさに豪奢という言葉がぴったりなのが内部である。18〜20世紀にかけての芸術作品の数々が、「玉座の間」をはじめとする広間を彩っている。この玉座の間はアランフエスの暴動後、カルロス4世からフェルナンド7世への譲位が行われた場所である。「磁器の間」はその名のとおり、壁いっぱいに、「ブエン・レティーロ工場」製の磁器の大パネルがかかっている。

アランフエスを語るとき、庭園につい

## ■ アランフエス　その芸術と歴史

2001年、ユネスコはアランフエスの王宮と庭園および、由緒ある菜園や歴史地区の重要建造物全体を世界遺産に登録した。恵まれた自然環境のなかで16世紀から長い年月をかけてつくり上げられた複合遺産だ。

マドリードの南に位置するタホ川沿いの町アランフエスは、王室とのつながりが深く、王宮と庭園の周辺には数多くの重要建造物が存在する。たとえば「サン・カルロス病院」「サン・パスクアル」「アルパヘス」「サン・アントニオ」の各教会、「パビアの旧兵舎」「ゴドイ邸」、闘牛場など、枚挙に暇がない。一方、歴史地区の周りには豊かな自然が広がる。「12本の道」広場から歩き出し、木立のなかを散策すると、やがて「歴史菜園」「レガマレホ」「ピコタホ」「エル・レボリョ」などの森に行きあたる。このあたりで栽培されているアスパラガスやイチゴは、アランフエスの名産だ。

アランフエス離宮の正面と庭園

ては欠かせない。「パルテレ庭園」「島の庭園」に大きく分かれ、平和と自然の憩いを形成している。宮殿の東正面そばにあるのが、パルテレの庭だ。18世紀にフランス人のエステバン・ブートルーが造園したもので、「ヘラクレス」「ケレス」「ネレイダ」など神々の名の噴水や、14基の胸像が取り囲む「彫像の花壇」などがある。島の庭はタホ川と、庭園が接する入り江に浮かぶ小島にある。その景色はまさに壮観のひとことだ。遊歩道を散策していると、「アポロ」「時計」「子ども」「いばら」「ビーナス」「ディアナ」「バッカス」などの噴水が次々に現れる。「カスタネットの滝」は水が石段の上を落ちていく時の音からその名がつけられた。

敷地内には、王家の保養のために使われていた小宮殿「農夫の家」がある。イシドロ・ゴンサレス・ベラスケスが工事を指揮した建物で、バイェウ、サカリアス・ゴンサレス・ベラスケス、ラペッリの絵画がその内部を飾っている。なかでも家具や壁に金、プラチナ、ブロンズがはめ込まれた「プラチナの小部屋」は、えもいわれぬ美しさだ。農夫の家からすぐのところにある「小型艇博物館」は、18世紀と19世紀のレジャーボートの、ヨーロッパでも屈指のコレクションを展示している。

# イサベル2世　悲運の女王

女王イサベル2世はバイタリティーにあふれる、寛大な心の持ち主だったが、政治の才には欠けていた。父フェルナンド7世の死後、3歳で即位し、成人するまでは母が、その後はエスパルテーロ将軍が摂政を務めた。

19世紀スペインの小説家ベニート・ペレス・ガルドス(1843〜1920)が、イサベル2世を「悲運の女王」と呼んだのもうなずける。生まれながら私人としては薄幸で、公的には常に議論の対象となっていたからだ。父フェルナンド7世が出した、女性の王位継承を認める国王勅諚（ちょくじょう）を有効とする人々と、叔父カルロス・マリア・イシドロの支持派、いわゆるカルリスタとの対立の原因は彼女の存在だった。両者の見解の相違がやがて第1次カルリスタ戦争(1833〜1839)に発展する。娘に代わって政務にあたっていた母マリア・クリスティーナは自由主義者と同盟を結んでおり、絶対王政擁護派のカルリスタと対立した。自由主義者の支持を得る代わりに、マリア・クリスティーナは王国憲章(1834年)に署名した。王国憲章とは、準立憲政体の存在を保証する新しい法規だった。

第1次カルリスタ戦争では立憲派が勝利したが、リアンサレス公アグスティン・ムーニョスと結婚していたマリア・クリスティーナは、夫との身分の差と穏健派自由主義を理由に摂政から外された(1840年)。代わってその座に就いたのがバルドメロ・エスパルテーロ将軍、カルリスタに対する勝利によって大きく名を上げた進歩派自由主義のリーダーだった。しかし1843年、そのエスパルテーロ将軍は選挙で穏健派に敗北する。

カルロス・マリア・イシドロ　油彩、ビセンテ・ロペス、王立サン・フェルナンド美術アカデミー

## 6 ブルボン家

### 👑 イサベル2世

- ■ 治世　1833年9月29日～1868年9月30日
- ■ 誕生　マドリード、1830年10月10日
- ■ 結婚　フランシスコ・デ・アシス・デ・ブルボン（1822～1902）、1846年10月10日、マドリードで結婚
- ■ 子女
  - ● ルイス（1849）
  - ● フェルナンド（1850）
  - ● マリア・イサベル・フランシスカ、ラ・チャタ（1851～1931）
  - ● マリア・クリスティーナ（1854）
  - ● フランシスコ・デ・アシス（1856）
  - ● アルフォンソ12世（1857～1885）、スペイン王（1874～1885）
  - ● マリア・デ・ラ・コンセプシオン（1859～1861）
  - ● マリア・デル・ピラール（1861～1879）
  - ● マリア・デ・ラ・パス（1862～1946）
  - ● マリア・エウラリア（1864～1958）
  - ● フランシスコ・デ・アシス（1866）
- ■ 前任者　フェルナンド7世
- ■ 後継者（政権）　臨時革命評議会
- ■ 死去　パリ、フランス、1904年4月9日
- ■ 墓所　サン・ロレンソ・デル・エスコリアル修道院王廟、マドリード

**イサベル2世と王女マリア・イサベル**
油彩、フランツ・クサーヴァー・ヴィンターハルター、マドリード王宮

---

　ここから女王は穏健派を支持し、組閣の際にも必ず彼らに頼ったため、女王は立憲君主としての役割を果たすことができず、軍部からも市民からも体制の変更を求めてさまざまな蜂起が起きた。さらに従兄弟であるフランシスコ・デ・アシス・デ・ブルボンとの決して幸せとはいえない結婚生活による不安定な感情や、意思決定の際にいつも同じ取り巻きに頼りがちなことから、女王のイメージは損なわれていった。

　約10年間、女王は一貫して穏健派政権を擁護し（1844～1854）、いわゆる1845年憲法を起草したナルバエス将軍

**貨幣の表と裏**
イサベル2世時代に鋳造

左頁右：**ベニート・ペレス・ガルドス**（パリ亡命中のイサベル女王と面会した小説家）油彩、ホアキン・ソローリャ

スペイン王家の歴史

### イサベル2世の娘

イサベル2世は11人の子どもを産んだが、成人したのはわずか5人。その中で唯一の息子がアルフォンソ12世として即位した。娘のイサベル、パス、ピラール、エウラリアは、それぞれ異なる運命をたどった。

長女マリア・イサベル(1851〜1931)は鼻が上を向いていたため「ラ・チャタ(鼻ペチャ)」の名で知られている。また彼女を、夫ではないホセ・マリア・ルイス・デ・アラナとの間に産んだ子どもだと信じていた者たちは、悪意を込めて「ラ・アラネハ(アラナの娘)」と呼んだ。権威的で儀礼にうるさい反面、闘牛好きで始終、人々の前に現

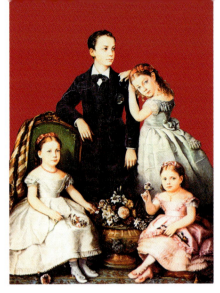

幼少のアルフォンソ12世と姉妹たち　リオフリオ宮殿、セゴビア

れたので、気さくさと正統主義が入り混じった女性として語り継がれている。17歳でガエタノ・ヒルヘンティ伯爵に嫁ぐが、重い鬱病を患っていた夫は結婚から3年で自殺した。

アルフォンソ12世の後に生まれた王女マリア・デル・ピラール(1861〜1879)は、結核性髄膜炎で18歳で他界。その数ヵ月前、ナポレオン3世とウジェニー・ド・モンティジョの息子で婚約者の皇太子ルイ・ナポレオンをズールー族との戦いで亡くしたばかりだった。

1862年に誕生した王女マリア・デ・ラ・パス(1862〜1946)は聡明で優しい文学愛好家だった。数多くの詩に加え、いくつかの評論を残しているが、これは当時のヨーロッパ諸国についての証言として非常に興味深い。バイエルン王子ルイス・フェルナンド・デ・バビエラと結婚し、ミュンヘンで生活した。ドイツでは慈善事業に忙しく、1946年に亡くなった時も、スペインの共和派亡命者たちのための仕事に取り組んでいる最中だった。

末娘マリア・エウラリア(1864〜1958)は、はねっかえりで好奇心が強く、聡明だった。モンペンシエ公爵の末息子、アントニオ・デ・オルレアンスと結婚した。しかし夫が自堕落な生活で財産を使い果たし、カルメラ・ヒメネス・フローレスとの関係も公になったため、1900年に離婚した。それ以降、放浪の生活を送り、自由主義的な考えを吹聴しては、宮廷のひんしゅくを買った。オンダリビア(ギプスコア)に隠居し、1958年に死亡した。

バルドメロ・エスパルテーロ記念碑　オドネル通り、マドリード

に信頼を置いていた。この憲法の中核をなす概念が、保守的自由主義である。これに対し、エスパルテーロが起こした反乱がきっかけとなって体制が逆転し、「進歩派の

## 女王の私生活

女王は、公的な面で何かと問題が多かったが、私生活はそれ以上だった。1846年には、女王の結婚が国際的な議論を呼んだ。相手次第で自国に不利益が出るのを恐れたヨーロッパ諸国が干渉してきたからだ。結局、従兄弟のフランシスコ・デ・アシス・デ・ブルボンが選ばれたのは、強国との政治的つながりがないという理由からだった。しかし彼は、イサベル2世のようにバイタリティーのある女性にはふさわしくなかった。パリでの亡命中に女王が「初夜に私よりレースで着飾る男性ってどうなのかしら？」と、スペイン大使にもらしたと伝えられている。夫がゲイだと暗にほのめかしたわけだ。

女王も多くの男性と関係を持った。セラーノ将軍のように有名な人物もおり、子どもをもうけた関係もあった。長女イサベルの例ばかりか、アルフォンソ12世は、バレンシアの軍人貴族、エンリケ・プイグ・モルトの息子であり、マリア・デル・ピラール、マリア・デ・ラ・パス、マリア・エウラリアの父親は、政治家兼作家のミゲル・テノリオ・デ・カスティーリャだったとされている。ミゲル・テノリオは晩年、2番目の娘マリア・デ・ラ・パスの館に引き取られた。女王夫妻は亡命を機に離婚し、夫のフランシスコ・デ・アシスは忠実な秘書アントニオ・ラモス・デ・メネセスと暮らして1902年に死亡した。

左：**イサベル2世と夫**　写真、19世紀末
右：**イサベル2世**　油彩(部分)、フェデリコ・デ・マドラーソ、マドリード王宮

2年間」(1854〜1856)が始まった。その間に中道派のオドンネル将軍によって第3の党(自由主義連合)が結成される。同党は1868年まで断続的に政権を担った。1866年、穏健派に反対する各派がオステンデの協定を締結。1868年、進歩派が9月革命(名誉革命)を起こし、イサベル2世はフランスに亡命した。

パリへ亡命した女王は1870年に息子アルフォンソに王位を譲り、保守派の政治家アントニオ・カノバス・デル・カスティーリョに王政復古を委ねた。1874年、王政復古が実現。アルフォンソ12世が即位し、カノバスが政権を握った。

母后としていかなる政治的行為も禁止された上で、イサベルは1876年にスペインに戻った。しかし宮廷からは永久追放の身である自分が、忘却すべき過去の象徴とみなされていることを悟り、カノバス政権との対立も手伝って自らパリに逃れ、1904年に死亡した。

| スペイン王家の歴史

# アルフォンソ12世 ロマンチック王

ロマンチック王の異名を持つアルフォンソ12世は、歴史的には「平和主義者」として知られている。若くハンサムで親切な王は、その性格とロマンチックな愛の逸話で人々に親しまれた。

アルフォンソ12世は、1857年11月28日にマドリードの王宮で生まれた。1868年まだ10歳だったときに9月革命が起こり、他の王族とともにパリに追放される。1870年に母イサベル2世が退位し、スペインの王位継承者に指名されたためパリにはほとんど住まず異国で文化的・軍事的な教育を受けた。ウィーンの名門テレジアナムで学んだあと、サンドハースト王立陸軍士官学校（イギリス）に在学していたときにスペインでパビア将軍によるクーデターが起き、第1共和政が崩壊した。キューバとの戦争が長引き第3次カルリスタ戦争が始まったころから、国内ではアルフォンソ待望論が高まっており、軍の支持を得たカノバスがアルフォンソ12世によるブルボン朝の王政復古を画策していた。

1874年12月、有名なサンドハースト宣言によって、アルフォンソ12世はスペイン王となる意思を表明した。同月29日、サグントにてマルティネス・カンポス将軍

**アルフォンソ12世像**（拡大）
憲法広場、アランフエス、マドリード

**ウィーン全景**

6 ブルボン家

**サガスタ記念碑** マドリード偉人廟

　スペインを再び王国としたアルフォンソ12世は、1876年の新憲法を承認して政治的安定をもたらした。同時に、第3次カルリスタ戦争に終止符を打ち、サンホン和約を結んで、キューバとの争いを解決した。一方、ヨーロッパの諸国家との関係では中立を保ち、内政と体制強化に全力を傾けた。

　1878年1月に、従姉妹であるマリア・デ・ラス・メルセデス・デ・オルレアンスと結婚した。イサベル2世の姪にあたり、フランス王ルイ・フィリップの孫でもあった王妃は、結婚後わずか6ヵ月で死亡する。その翌年、王はマリア・クリスティーナ・デ・ハプスブルク=ロレーナと再婚した。2人の間にはマリア・デ・ラス・メルセデス、マリア・テレサ、そして後のアルフォンソ13世の1男2女が誕生している。しかしアルフォンソ12世は息子が生

がスペイン王にアルフォンソ12世を任命。カノバス・デル・カスティーリョが政権を引き受け、新しい君主の到着を待った。アルフォンソ12世は最初から、立憲君主制の擁護者となることを公言していた。

　1875年1月、アルフォンソ12世はバルセロナに到着。その3日後マドリードに入り、カノバスが統括する、大地主の専制支配と2大政党政治を基礎とした政体の頂点に立つことになった。2大政党のうち、貴族と裕福なブルジョアから成る保守党は、カノバス自身が率いた。プラセデス・マテオ・サガスタを党首とする自由党は、主に知識人、労働者、商人によって構成されていた。

**アントニオ・カノバス・デル・カスティーリョの肖像**
リカルド・デ・マドラーソ・イ・ガレッタ、スペイン下院、マドリード

# アルフォンソ 12 世

- **治世** 1874 年 12 月 29 日〜1885 年 11 月 25 日
- **誕生** マドリード、1857 年 11 月 28 日
- **結婚**
  - マリア・デ・ラス・メルセデス・デ・オルレアンス・イ・ブルボン（1860〜1878）、1878 年 1 月 23 日マドリードで結婚
  - マリア・クリスティーナ・デ・ハプスブルク゠ロレーナ（1858〜1929）、1879 年 11 月 29 日マドリードで結婚
- **子女** マリア・クリスティーナ・デ・ハプスブルク゠ロレーナとの子女
  - マリア・デ・ラス・メルセデス（1880〜1904）
  - マリア・テレサ（1882〜1912）
  - アルフォンソ 13 世（1886〜1941）、スペイン王（1886〜1931）死後に誕生

  歌手エレナ・サンツ（1844〜1898）との庶子
  - アルフォンソ（1880〜1970）
  - フェルナンド（1881〜1924）
- **前任者** セラーノ将軍
- **後継者** マリア・クリスティーナ・デ・ハプスブルク゠ロレーナの摂政政治（1885〜1902）を経て、アルフォンソ 13 世
- **死去** エル・パルド宮（マドリード）、1885 年 11 月 25 日
- **墓所** サン・ロレンソ・デル・エスコリアル修道院王廟、マドリード

まれる半年前の 1885 年 11 月 25 日、結核によって死去する。わずか 28 年の生涯だった。

**アランフエスでコレラ患者を慰問するアルフォンソ 12 世**（部分） 油彩、カルロス 3 世保健研究所、マドリード

**アルフォンソ 12 世記念碑** レティーロ公園、マドリード

## ■ 恋愛と国益　アルフォンソ12世の2度の結婚

アルフォンソ12世と従姉妹のマリア・デ・ラス・メルセデスのロマンスは、広く知られている。俗謡として伝わり、映画や劇の題材にもなって復興を遂げたばかりのブルボン朝のイメージ向上に大いに貢献した。マリア・デ・ラス・メルセデスは、モンペンシエ公爵アントニオ・デ・オルレアンスとルイサ・フェルナンダ・デ・ブルボンの6番目の子どもだった。従兄弟のアルフォンソと出会ったのはランダン（フランス）で、イサベル2世が亡命し、妹ルイサ・フェルナンダと再び交流するようになったときである。ルイサの夫の政治的野望のせいで、姉妹は疎遠になっていた。

しかし若い2人が結婚するとなると、王家も政治家たちも良い顔はしなかった。1868年のクーデターにモンペンシエ公が関与していたのは明白だったからである。それでも反対を押し切って2人は1878年1月23日マドリードで式を挙げた。「貧しい者同士のような」恋愛結婚と歌にうたわれた王のロマンスに人々は熱狂した。しかし幸せは長くは続かず、同年6月26日、18歳の誕生日を迎えた2日後に王妃が腸チフスで死亡したのだ。その前に流産を経験しており、抵抗力が落ちていたのだろう。王妃を亡くして悲しみに打ちひしがれていたアルフォンソ12世の前に、やがて歌手エレナ・サンツが現れた。サ

ンツとの間には庶子を2人もうけたが、ロマンスよりも国益を優先させなければならなかった。体が弱く、まだ後継者もいなかったため、再婚して子どもをもうけることが急務だった。こうして1879年11月29日、アルフォンソ12世はオーストリア大公マリア・クリスティーナ・デ・ハプスブルク＝ロレーナと結婚した。

マリア・クリスティーナは1858年7月21日、ボヘミアのグロス＝シーロウィッツ城で生まれた。慎み深く、知性と分別のある女性と評判だった。それほど美人というわけではなかったが立ち居振る舞いは洗練されていた。数ヵ国語に堪能で、哲学と経済の学識があり、大変な音楽愛好家でもあった。そして娘2人と息子を1人産み、周囲の期待にみごとに応えた。それだけでなく1885年に夫が早すぎる死を迎えると、アルフォンソ13世が成人するまで摂政を務める。その思慮深さと秀でた才能で国民から愛され、政界からは感謝された。

上：マリア・デ・ラス・メルセデス・デ・オルレアンス
中：マリア・クリスティーナ・デ・ハプスブルク＝ロレーナ
下：アルフォンソ12世とマリア・クリスティーナ　写真、1882年頃

| スペイン王家の歴史

# アルフォンソ13世　生まれながらの王

アルフォンソ13世は苦難の人生を歩んだ。政治に干渉しすぎ、ミゲル・プリモ・デ・リベーラのクーデターを容認して立憲君主制を裏切った人物とされるが、彼が生きたのは、政治・経済が極めて困難な時代だったというのを忘れてはならない。

誕生前に父が他界していたため、1886年5月17日に生まれた瞬間から、アルフォンソ13世はすでに王となっていた。幼少期は母マリア・クリスティーナが摂政を務め、1902年に成人を宣言すると、王として全権を握った。

成人宣言の少し前、アルフォンソ13世は自身について次のように述べている。「栄光に満ちた王として、祖国を再興し、永遠に名を残せるかもしれない。しかし自らは統治せず、大臣に牛耳られ、最後は辺境に追いやられるかもしれない。（…）公正な王として統治したい。同時に祖国を再興し、強国になれなくても、少なくとも同盟国として求められる国にしたい」

望みは叶わなかった。自由主義国家の概念を母マリア・クリスティーナに教えられて育ったアルフォンソ13世だが、その治世は王政復古の政治システムの崩壊、カタルーニャ民族主義運動の興隆、労働運動の目覚め、植民地支配の終焉

アルフォンソ13世とビクトリア・エウヘニア・デ・バッテンベルクの婚礼　フアン・コンバ

と重なった。いわば、スペインは、建前のスペインと、現実のスペインとの離別に苦しんでいた。1898年の米西戦争敗北後、アルフォンソ13世は国家の軌道を修正しようと頻繁に政治に介入するが、残念ながら父や摂政だったの母の時代とは違い、カノバスやサガスタといった優秀な政治家には恵まれなかった。2大政党の党首は、それぞれマウラとカナレーハスに代わっていた。

##  アルフォンソ 13 世

- ■ 治世　　1886 年 5 月 17 日~1931 年 4 月 14 日
- ■ 誕生　　マドリード、1886 年 5 月 17 日
- ■ 結婚　　ビクトリア・エウヘニア・デ・バッテンベルク (1887~1969)、1906 年 5 月 31 日マドリードで結婚
- ■ 子女　　ビクトリア・エウヘニア・デ・バッテンベルクとの子女
  - アルフォンソ (1907~1938)
  - ハイメ (1908~1975)
  - ベアトリス (1909~2002)
  - フェルナンド (1910)
  - マリア・クリスティーナ (1911~1996)
  - フアン (3 世)、バルセロナ伯爵 (1913~1993)
  - ゴンサロ (1914~1934)

  フランス人貴族メラニー・ド・ゴーフリディ・ド・ドルタン (1876~1935) との庶子
  - ロジェ・レベック・ド・ビルモラン (1905~1980)

  女優カルメン・ルイス・モラガス (1898~1935) との庶子
  - アナ・マリア・テレサ・デ・ブルボン・イ・ルイス・モラガス (1926~1965)
  - レアンドロ・アルフォンソ・デ・ブルボン・イ・ルイス・モラガス (1929)

  ベアトリス・ヌーンとの庶子：
  - フアナ・アルフォンサ・ミラン・イ・キニョネス・デ・レオン (1916~2005)
- ■ 前任者　アルフォンソ 12 世
- ■ 後継者　ニセート・アルカラ=サモーラ、第 2 共和政の臨時政府首班
- ■ 死去　　ローマ (イタリア)、1941 年 2 月 29 日
- ■ 墓所　　サン・ロレンソ・デル・エスコリアル修道院王廟、マドリード

**マリア・クリスティーナと息子アルフォンソ 13 世**　写真、1903 年頃

**アルフォンソ 13 世**　油彩、フィリップ・ド・ラースロー

スペイン王家の歴史

プエルタ・デル・ソルでの第2共和政宣言
マドリード

第1次世界大戦中、スペインが中立の立場を保ったことは、新しい市場の開拓と経済成長につながった。しかし同時に社会不安も引き起こした。カタルーニャ民族主義者の要求、軍部の労働運動、革命的ストライキが重なり、1917年に起こった政治危機が、やがて体制崩壊につながっていく。さらに大戦後は経済が揺り戻し、これにモロッコ戦争、市民暴動や宗教問題などさまざまな要素が絡み合って、1923年、国王承認の上でミゲル・プリモ・デ・リベーラの軍事クーデターが起こった。

クーデター後、当初はむしろ独裁を歓迎するムードがあった。たとえば1925年のアルホセイマ湾上陸作戦によってモロッコ戦争を終結させたり、社会秩序を回復し、大規模な公共工事を行ったりと一定の成果を上げたからだ。しかしそれも長く続かずアルフォンソ13世は1930年、憲法に基づく政治を復活させた。しかし時すでに遅く、共和派・社会主義者・民族主義者が反王政を掲げて結集していた。1931年4月12日、反王政派は全国市町村議会選挙に勝利する。アルフォンソ13世は亡命し、1931年4月14日に第2共和政が宣言された。

アルフォンソ13世は、亡命先のローマで1941年に死去した。孫のフアン・カルロス1世のたっての望みで、1980年、その遺体はマドリードのエル・エスコリアル修道院の王廟に移された。

第2共和政
貨幣の表裏

ひとつの時代の終わり

ミゲル・プリモ・デ・リベーラ将軍　絵画（部分）、ホセ・リベラ

## ■ ビクトリア・エウヘニア・デ・バッテンベルク

王妃ビクトリア・エウヘニア

バッテンベルク公ヘンリー王子とイギリスの王女であり、ビクトリア女王のお気に入りだったベアトリスの娘として、1887年バルモラルに生まれる。家族からエナと呼ばれていた彼女は、背が高く金髪で、整った顔立ちと美しい青い目を持ち、当代きっての美しい王女として評判だった。折しもイギリスを訪れた若きアルフォンソ13世は、たちまちエナと恋に落ちる。訪英の目的は、ビクトリア女王のもうひとりの孫パトリシア・デ・コノートとの婚約だったが、急きょ相手を変更し、1906年5月マドリードで式を挙げた。このときの結婚パレードは、無政府主義者のテロにあい、23人の死者と100人以上のけが人を出したことで知られている。その後数年間は幸せに過ごしたが、夫の不実と、夫が6人の子どもたちの血友病を妻の遺伝のせいだとしたことで不和が生じる。皇太子アルフォンソと末子ゴンサロはこの病気によって命を落とした。

後に政変を受けて亡命した夫妻は、共和政の宣言後に離婚した。アルフォンソ13世はローマに移ったが、王妃はローザンヌ(スイス)に居を定め、スペインを離れてちょうど38年経った1969年4月14日に死亡した。

ローマ全景

## スペイン王家の歴史

―― 王の居城 ――

# マドリード王宮
## スペイン王国の象徴

　マドリード王宮はスペイン国王の公邸だが、通常はエル・パルド宮の近くにあるサルスエラ宮で国王一家は暮らしており、国家行事にのみ王宮は使用される。王宮が建つ場所には、かつてイスラーム教徒の防衛施設があり、16世紀になってその跡地にハプスブルク家の君主がアルカサル（城）を築いたが、1734年のクリスマスイブに起こった火事で焼失してしまった。

　同じ場所に王城を築くことを決めたのはフェリペ5世である。ただし火事になっても燃えないよう、木材は使わずに石とレンガでの建築を指示した。工事は1738年に始まり終了したのは1755年。その間、王家の人々はラ・グランハ、アランフエス、ブエン・レティーロなどの宮殿で暮らし、カルロス3世が新しい王宮での生活を始めたときには、すでに1764年になっていた。

　スペイン産の大理石や化粧漆喰で装飾された内部は豪華絢爛の一言につきる。扉と窓にはマホガニー材が使用され、ティエポロ、メングス、バイェウ、マエリャのフレスコ画が壁を彩る。また王宮内には、カラヴァッジョの『洗礼者ヨハネの首を持つサロメ』、ベラスケスの『馬』、ゴヤの多数の作品などみごとな絵画と、かの有名なストラディバリウス・コレクションをはじめとする貴重な楽器が保管されている。

マドリード王宮のアルメリーア広場と北側ファサード

## ■ サルスエラ宮

マドリードにごく近い、エル・パルド山中に建つサルスエラ宮。ここが現スペイン国王の居城である。フェリペ4世の弟で、枢機卿王子と呼ばれたフェルナンドが17世紀に建てた狩り小屋が始まりで、その場所にサルサ（キイチゴ）の茂みがあったことから命名された。その後、カルロス4世が改築して現在の姿となり、タペストリーや磁器で内部も豪華に飾られた。3階建ての1階には台所と配膳室、2階には王と側近の執務室、図書室、食堂、客間がある。3階は寝室、客用寝室、勉強部屋だ。近くには建ってからまだ日の浅い皇太子邸がある。

歴代の王たちは各々の足跡を王宮に刻んでいる。「玉座の間」「王の寝室」「ガスパリーニの部屋」「磁器の間」はカルロス3世時代に造られたものだ。「鏡の間」に装飾を施したのはカルロス4世。アルフォンソ12世が「晩餐会の間」を造らせたのは、最初の妻マリア・デ・ラス・メルセデス・デ・オルレアンスの遺体安置所の痕跡を消すためだった。

玉座の間は、建設当時からほとんど変わっていない。円天井のフレスコ画は、1766年にティエポロが描いたもので、「スペイン王国の寓意」を表している。彫刻に金めっきが施された家具一式は、カルロス3世がナポリから取り寄せた。鏡はラ・グランハの王立ガラス工場製、水晶のシャンデリアは1780年にヴェネツィアで作られたものだ。

1650年、ベラスケスはローマから金銅のライオン像を持ち帰った。玉座の天蓋の両側に置かれているこの像が、数少ないハプスブルク家の名残りである。

王宮の周りには、「カンポ・デル・モーロ」と呼ばれる庭があるがフェリペ2世の時代につくられ、1890年に王妃マリア・クリスティーナが改造を命じた。

スペイン王家の歴史

# フアン・デ・ブルボン
## 王位なき王

バルセロナ伯爵フアン・デ・ブルボンは、父アルフォンソ13世からスペインの王位継承者に指名された。兄である皇太子アルフォンソが1938年に死亡し、次兄のハイメが健康上の理由で王位を放棄したからである。しかし結局、王位に就くことはなかった。

フアン・デ・ブルボンは1913年6月20日、ラ・グランハ・デ・サン・イルデフォンソ宮殿でアルフォンソ13世とビクトリア・エウヘニア・デ・バッテンベルクの間に生まれた。出生順から見て王位を継承するとは夢にも思わず、マリン海軍学校（ポンテベドラ）で学びながら海軍を目指していた。第2共和政の宣言後は、英国海軍に所属した。しかし状況は変化していった。まず1938年、皇太子アルフォンソが死去したが、彼はそれ以前からエデルミラ・サンペドロとの身分違いの結婚を理由に王位を放棄していた。その後次兄ハイメも、耳が不自由なことから国務遂行が不可能だとして継承権を放棄した。そこで1941年亡命中のアルフォンソ13世は死の直前に、フアンを後継者と宣言した。

1935年に、ローマでマリア・デ・ラス・メルセデス・デ・ブルボン・イ・オルレアンスと結婚し、4人の子どもをもうけた。長女のピラールは現バダホス公爵で、ルイス・ゴメス＝アセボの未亡人である。第2子が、後にスペイン王とな

父のフアン・デ・ブルボンに挨拶するフアン・カルロス1世　バルセロナ　1970年頃

るフアン・カルロスだ。次女マルガリータが、ソリア・エルナニ公爵カルロス・スリータ夫人、そして末子アルフォンソは、兄フアン・カルロスと遊んでいる最中、偶然の発砲により15歳の若さで死亡するという悲劇に見舞われた。

内戦中、フアン・デ・ブルボンは共和国を打倒し、王国を再興できると信じて反乱軍を結集しようとしたが、失敗に終わる。その上アランダ・デ・ドゥエロでフランコ軍に捕らえられ、国外に追放された。内戦が終わると自由主義と民主主義に基づく王国実現を掲げ、先頭に立って独裁制に立ち向かった。王国復興の理念は、1945年にスペイン国民に向けて発表した宣言の中で述べられている。

## フアン・デ・ブルボン

- ■ 治世　　1941年1月15日～1977年5月14日（王位継承権保持者として）
- ■ 誕生　　ラ・グランハ・デ・サン・イルデフォンソ宮殿（セゴビア）、1913年6月20日
- ■ 結婚　　マリア・デ・ラス・メルセデス・デ・ブルボン・イ・オルレアンス（1910～2000）、1935年10月12日ローマ（イタリア）で結婚
- ■ 子女　
  - ● ピラール、バダホス公爵（1936～）
  - ● フアン・カルロス1世、スペイン王（1938～）
  - ● マルガリータ、ソリア・エルナニ公爵夫人（1939～）
  - ● アルフォンソ（1941～1956）
- ■ 死去　　パンプローナ、1993年4月1日
- ■ 墓所　　サン・ロレンソ・デル・エスコリアル修道院王廟、マドリード

**フアン・デ・ブルボン**　ブロンズ胸像

**王妃ビクトリア・エウヘニア**
息子フアンと孫フアン・カルロス1世に挟まれて

息子フアン・カルロス1世に王位を譲るフアン・デ・ブルボン

フアン・デ・ブルボンと長男フアン・カルロス　1945年

内戦終結時の共和派の出国

　1946年、フアン・デ・ブルボンはポルトガルのエストリルに居を構え、諮問会議の本部を置いて王政復古と民主化のために積極的な外交を展開し始めた。実現への布石として、息子のフアン・カルロスをスペイン政権の保護下に置いて教育することにも同意した。しかし1969年7月22日、フランコはフアン・デ・ブルボンではなく、息子のフアン・カルロスを王位継承者に指名する。これによって生じた父と子の溝は長い間埋まらなかった。フランコ死後1977年になってフアン・デ・ブルボンは、息子の民主主義に対する忠誠心を確認。サルスエラ宮で簡素な式典を開き、公式に王権を放棄して、スペイン王家首長の座を息子に譲った。ただスペイン王の称号に付随していたバルセロナ伯の称号はそのまま保持した。その後名誉提督(1978年)と海軍大将(1988年)の地位も手にした。1993年、喉頭がんで死亡。遺体はエル・エスコリアル修道院にスペイン王として埋葬されている。

戦没者の谷の十字架　クエルガムーロス、マドリード

## ■ バルセロナ伯爵夫人

バルセロナ伯爵夫人は、マドリードのカステリャーナ通りにあるビリャメホール宮殿で生まれた。カルロス・デ・ブルボン・ドス・シシリアス王子（1870～1949）と、2番目の妻ルイサ・デ・オルレアンスの娘。父の最初の妻は、アルフォンソ13世の姉マリア・デ・ラス・メルセデス王女だった。父が軍管区司令官として配属されたセビーリャで幼少期を過ごし、生涯この地に特別の郷愁を抱いていた。1931年、第2共和政が宣言されるとフランスへ亡命。1935年、アルフォンソ13世の娘ベアトリス王女の婚礼に出席するため訪れたローマで、また従兄弟のフアン・デ・ブルボン王子と婚約し、同年10月12日、やはりローマのサンタ・マリア・デランジェリ聖堂で結婚した。夫婦はカンヌ、ローマ、ローザンヌを転々とし、第2次世界大戦後はポルトガルのエストリルに居を構えた。1975年スペインに帰国。スポーツ好きで教養も高く、話し上手で、アンダルシア文化と闘牛を愛した。1982年に腰を、直後に大腿骨を骨折し、その後は車椅子の生活を余儀なくされる。2000年の新年の休暇を過ごすため国王一家で向かったランサローテ島のラ・マレタ別荘で急死した。

マリア・デ・ラス・メルセデス・デ・ブルボン・イ・オルレアンス、ブロンズ胸像

バルセロナ伯爵夫人の両親、ルイサ・デ・オルレアンスとカルロス・デ・ブルボン、婚礼当日の写真

**スペイン広場** セビーリャ

スペイン王家の歴史

# フアン・カルロス1世
# 全スペイン国民の王

フアン・カルロス1世は、市民、政治家、軍人と連携して、民主主義への道を開いた。それゆえ「全スペイン国民の王」と呼ばれている。

バルセロナ伯の第2子であるフアン・カルロス・デ・ブルボン・イ・ブルボンは1938年1月5日、スペイン王家の亡命先だったローマで生まれた。その後ローザンヌ（スイス）、エストリル（ポルトガル）と居を移し、1948年からはスペインに住んだ。父とフランコ将軍の間で結ばれた協定に従い、将来は国家元首となるために適切な大学教育と軍事教育を受けて育つ。大学卒業後の1962年5月14日、アテネ（ギリシャ）でソフィア・デ・グレシア王女と結婚。2人の間にはエレナ（1963年）、クリスティーナ（1965年）、フェリペ6世（1968年）が生まれた。

フランコ政権によって公布された1947年の国家元首継承法、1958年の国民運動原則法、1967年の国家組織法は、スペインが王不在の王国であり、独裁体制を維持する稀有な君主国であると定めている。フランコの後継者選びは、党派の分裂と候補者の林立で混迷を極めた。有力候補者の中には、バルセロナ伯フアン・デ・ブルボン、その息子フアン・カルロス、ブルボン＝パルマ家のハビエルとカルロス・ウゴ、アルフォンソ13世の次男ハイメ王子の息子で、フランコ孫娘の夫アルフォンソ・デ・ブルボン・ダンピエールがいた。結論が発表されたのは1969年7月22日で、国家元首フランシスコ・フランコがスペイン国会（非民主制）で、フアン・カルロスを後継者として指名した。

それ以来、フアン・カルロスは体制派

**フアン・カルロス1世の家族**
ソフィア王妃、フェリペ6世、エレナ王女、クリスティーナ王女

フアン・カルロス1世

### フアン・カルロス1世

- 治世　　1975年11月22日〜2014年6月19日
- 誕生　　ローマ（イタリア）、1938年1月5日
- 結婚　　ソフィア・デ・グレシア・イ・ディナマルカ、1962年5月14日アテネ（ギリシャ）にて結婚
- 子女
  - エレナ（1963年12月20日〜）、ルーゴ公爵
  - クリスティーナ（1965年6月13日〜）
  - フェリペ6世（1968年1月30日〜）、スペイン国王（2014〜）

と反体制派との間で微妙な均衡を保ちながら、立憲君主国を樹立するために行動した。同時に、継承順位を無視したフランコの決定を認めない父、フアン・デ・ブルボンと対立することになった。

フランコの死から2日後、1975年11月22日、国会はフアン・カルロスのスペイン国王就任を宣言した。これによって民主化移行期が始まった。非常に混とんとした時代だったが、王は巧みに乗り切った。

特に憲法制定前（1975〜1978）の複雑な政治局面で指導力を発揮し、超保守派カルロス・アリアス・ナバーロに代えて改革派アドルフォ・スアレスを首相にする（1976年）など数々の英断を下している。1981年2月23日の軍事クーデター未遂事件でも毅然として法の秩序を守り、政治手腕を証明した。

また新しく生まれ変わったスペインの姿を伝えるため、海外訪問を数多くし、ラテンアメリカ諸国、イスラーム諸国、西欧諸国との関係の回復と強化に努めた。一方1977年5月14日、バルセロナ伯は息子フアン・カルロスに民主政治復活を誓わせた上で、王位継承権と王家の首長の座を譲った。

上：**フアン・カルロス1世**　1946年

左：**フアン・カルロス1世とギリシャ王女ソフィア・デ・グレシアの婚礼**　アテネ、1962年5月14日

フアン・カルロス1世とソフィア王妃　公式写真

## ソフィア・デ・グレシア

ソフィア・デ・グレシア・イ・ディナルマカは1938年11月2日、ギリシャのアテネでギリシャ国王夫妻パウロス1世とフリデリキ・トゥ・アノヴェル王妃の娘として生まれた。第2次世界大戦が起こり、ギリシャ王家が亡命したため、幼少期をエジプトと南アフリカで過ごし、1946年からはドイツのザーレム寄宿学校で中等教育を受けた。その後、アテネで育児学、音楽、考古学を学ぶ。海を好みヨットが趣味で、1960年のローマオリンピックではヨットのギリシャチームに参加した。

1962年5月14日、アテネで当時のスペイン皇太子フアン・カルロスと結婚。マドリードに住み、3人の子どもを産んだ。長女のエレナ王女はハイメ・デ・マリチャラルと結婚し、フェリペとビクトリアを産んだ。イニャキ・ウルダンガリンと結婚したクリスティーナ王女は、フアン、パブロ、ミゲル、イレーネの母である。フェリペ6世はレティシア・オルティス・ロカソラノを妻に迎え、レオノールとソフィアをもうけている。

ソフィア王妃は、多くの時間を社会貢献活動に費やしてきた。ソフィア王妃財団の現総裁であり、麻薬中毒防止支援財団や王立障害者支援協会、その他多くの文化・音楽団体の名誉総裁を務めている。

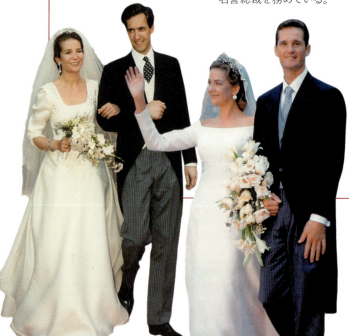

また農村部の女性の能力開発支援、社会的弱者への小規模融資といった活動も行っている。加えて、王立サン・フェルナンド美術アカデミー、王立歴史アカデミーの名誉会員であり、海外のさまざまな大学から名誉博士号を授与されている。

左：エレナ王女とハイメ・デ・マリチャラルの婚礼　セビーリャ

右：クリスティーナ王女とイニャキ・ウルダンガリンの婚礼　バルセロナ

# 新世紀の君主

## 21世紀の新国王　フェリペ6世

フェリペ6世夫妻と
娘レオノールとソフィア

現国王フェリペ6世は、フアン・カルロス1世とソフィア王妃の第3子である。1968年1月30日マドリード生まれ。カスティーリャ、アラゴン、ナバーラの旧王国の継承者として、1977年11月1日にアストゥリアス皇太子、ジローナ公、ビアナ公に任命された。加えてモンブラン公爵、セルベラ伯爵、バラゲー領主の称号も保持している。1986年に成人すると、国会で憲法と国王への忠誠を誓った。

成人するまでに、マドリードのコレヒオ・デ・サンタ・マリア・デ・ロス・ロサレスで中等教育を、カナダのレイクフィールド・カレッジ・スクールで高等教育を修了した。1985〜1988年にかけては、サラゴサ士官学校とマリン海軍学校、ムルシアのサン・ハビエル空軍学校で軍事教育を受けている。マドリード・コンプルテンセ大学で法学を修め、経済学の科目も履修して、ジョージタウン大学（ワシントン、アメリカ合衆国）の外交政策・国際関係大学院であるエドマンド・A・ウォルシュ外交学院を修了した。皇太子の時代にも、定期的に立法その他の国務機関との会合を持ち、外交的にも重要な役割を果たし、2014年6月19日に国王に即位した。2004年5月22日にマドリードでレティシア・オルティス・ロカソラノと結婚、レオノール（2005年）とソフィア（2007年）の2人の娘がいる。

フェリペ6世夫妻　公式写真

1978年憲法では、国王の政治不干渉がうたわれている。フランコ体制から受け継いだ実権はすべて失われ、議会君主となった。それ以降フアン・カルロス1世は、民主的で現代的な側面とヨーロッパ統合主義者であることが国際的に高く評価され、国内外で約30の名誉博士号と、数々の賞を授与されている。たとえばカール大帝賞（1982年）、シモン・ボリバル賞（ベネズエラ、1983年）、国連難民高等弁務官事務所（UNHCR）のナンセン難民賞、フランクリンとエレノア・ルーズベルト協会の4つの自由賞（1996年）、ジャン・モネ財団賞（1996年）、教育・科学および文化のためのイベロアメリカ諸国機構金賞（1999年）、ポルトガル塔と剣騎士団大勲章（2000年）などである。

# 7 その他の王家

## スペイン王位に就いた2人の異国人君主

- ホセ1世　ボナパルト家
- アマデオ1世　サボヤ家

# ホセ1世　ボナパルト家

ホセ1世もアマデオ1世も国民の支持は得られなかった。民衆は徹底した排他的態度で2人を異国人として見下し、侵略者扱いした。アマデオ1世はスペインの伝統に敬意を払わないとして非難され、一方、酒を飲まないホセ1世は、逆に「酔いどれペペ（ペペはホセの愛称）」というあだ名をつけられて、馬鹿にされた。しかし2人とも責任感ある立憲君主だった。

　ホセ1世ことジョゼフ・ボナパルトは、シャルル・マリー・ボナパルトとレティツィア・ラモリーノの長男として1768年にコルテ（コルシカ）に生まれ、1790年頃にプロバンスに移った。兄弟のうちで最も教養が高く、法学を修めていたのでフランス共和国政府では外交分野で能力を発揮した。1794年、マルセイユでジュリー・クラリーと結婚し、国会議員となってパリに居を構えた。弟ナポレオンが皇帝に即位すると、ホセも帝位継承者に名を連ねることになる。その後イタリア・ブルボン家の王位を剥奪し、ナポリ王となって1806～1808年まで統治を行った。

　バイヨンヌ会談後の1808年5月、ナポレオンはホセをスペイン王に任命した。同年7月、ホセ1世はバイヨンヌ憲法に忠誠を誓う。これは親仏派の貴族グループによって1809年に公布されたものだっ

## 👑 ホセ1世

- **治世** 1808年6月6日～1813年11月11日
- **誕生** コルテ（コルシカ）、1768年1月7日
- **配偶者** マリー・ジュリー・クラリー、1794年8月1日 キュージュ・レ・パン（フランス）で結婚
- **子女** ジュリー・ジョセフィーナ（1796）
  - ゼナイーダ・レティツィア（1801～1854）
  - シャルロット「ロロット」（1802～1839）
- **前任者** フェルナンド7世  **後継者** フェルナンド7世
- **死去** フィレンツェ（イタリア）、1844年7月28日
- **墓所** オテル・デ・アンヴァリッド、パリ（フランス）

ナポリ王時代のジョゼフ・ボナパルトの肖像　作者不詳

た。また、防衛評議会に対抗して最初の内閣を組織する一方で、ナポレオン軍のスペイン遠征に参加した。

その治世では、あらゆる封建的権利とカスティーリャ顧問会議、異端審問所を廃止し、一部の修道院を閉鎖した。国債を正常化し、マドリードの都市化計画を進め、多くの広場（オリエンテ広場など）を開設して歴史地区の健全化に努めたので、「広場のペペ」というあだ名がついた。ホセ1世は優秀な政治家だったが、国民は彼を侵略者扱いす

るばかりで、当時亡命中の「期待される王」フェルナンド7世をひたすら支持したため、思うように統治を進めることができなかった。

ホセ1世は、積極的に軍事遠征に参加した。バイレンの戦いでフランス軍が

左頁左：**ホセ1世の肖像**
作者不詳、19世紀

左頁右：**オリエンテ広場**
（奥は王宮）マドリード

右：**ホセ1世が埋葬されているオテル・デ・アンヴァリッド全景**　パリ

## スペイン独立戦争

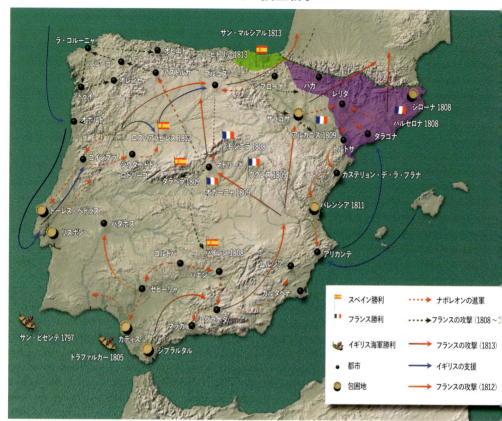

敗北すると、マドリードを追われ、最初はブルゴス、後にミランダ・デ・エブロとビトリアに逃亡する。このときはナポレオン自らが率いて駆けつけた大軍に救われ、マドリードに政権を樹立した。

しかし1812年7月12日、今度はロス・アラピレスで敗北を喫し、ホセ1世はマドリードを捨ててフランスに向かう。逃亡中、ビトリア付近でウェリントン公爵が率いる軍隊に追いつかれ、フランス軍は壊滅的状態となる。窮地に陥ったホセ1

率いる軍隊に追いつかれ、フランス軍は壊滅的状態となる。窮地に陥ったホセ1

**1808年5月2日の民衆蜂起の記念プレート** マドリード王宮正面

世は、フランス軍に国を離れるよう指示することもできないままフランス国境に逃れ、1813年11月にフェルナンド7世に王位を返還した。

2年後、ナポレオンが皇帝の座を降りるとホセ1世はアメリカ合衆国に向かい、シュルヴィル伯爵としてニューヨークに居を構えた。そこで事業に成功し、当時まだ若い国だったアメリカで政府の仕事に取り組んだ。

1832年には、アメリカからイギリスに移る。その後トスカーナ大公の許可を得てすでに妻が住んでいたフィレンツェで引退生活を送り、1844年に死亡した。

### ■ ジュリー・クラリー　不在の王妃

マリー・ジュリー・クラリーは、1771年12月26日、フランスのマルセイユに生まれた。マルセイユの絹商人フランソワ・クラリーと妻ローズ・ソミスの長女で、1794年、ジョゼフ・ボナパルトと結婚する。同時に妹のデジレがナポレオンと婚約したが、破談となる。デジレはその後ベルナドット将軍と結婚、最終的にはスウェーデン王妃となった。一方、ジュリーはまずナポリ王妃となり、後にスペイン王妃となる。ただ、スペインに足を踏み入れることはなかった。ホセ1世の治世の間、ジュリーはパリの宮廷に住み、夫と皇帝の仲介者として重要な役割を果たしていた。また、ホセ1世のアメリカ合衆国への亡命にもついていかなかった。晩年になってようやく夫婦は、娘のレティツィアを交え、フィレンツェでともに暮らすようになった。純朴で思慮深く、知的な女性だったジュリーのことを、ナポレオンは次のように書き残している。「私が知りあった中で最良の女性だ。落ちぶれてからも、本当によくしてくれた」

ジュリー・クラリーと娘
ゼナイーダと「ロロット」

# アマデオ1世　サボヤ家

アマデオ1世は「紳士王」と呼ばれたが、それには十分すぎるほどの理由がある。礼儀正しいが民主的で気取らず、高い政治能力を持ち合わせていたアマデオは、スペインを近代化の波に乗せることができたかもしれなかった。しかし国民の無理解、アルフォンソ12世を支持する貴族の敵意、そしてなにより、後ろ盾だったプリム将軍の死によって期待どおりにいかなかった。

アマデオ・デ・サボヤは、ピエモンテ=サルデーニャ王（後のイタリア王国初代国王）ビクトル・エマヌエーレ2世と、ハプスブルク家のマリア・アーデルハイトの第2子として生まれる。職業軍人となり、1867年にデッラ・チステルナ王女マリア・ビクトリア・ダル・ポッツォと結婚して3人の子どもをもうけた。また、フリーメイソン会員であり、最高位であるスコティッシュ・ライト33階級を与えられていた。

1868年にイサベル2世が廃位されると、セラーノ将軍率いる臨時政府は憲法制定議会を招集し、1869年に新憲法を公布して立憲君主制を宣言した。この時、カトリック信仰と自由主義を掲げる王家の一員であることから、イタリア国王の息子アマデオ・デ・サボヤがスペインの君主に選ばれた。

よそから連れてこられた王に、カルリスタ、アルフォンソ派、共和派、貴族は一斉に反発した。アマデオが教会財産の没収を支持したために聖職者も反抗した。国民は王をマカロニと呼んで軽蔑し、スペインの伝統や文化にそぐわない君主だと考えた。

最大の問題は、スペイン到着の2日前、一番の後ろ盾になるはずのプリム将軍が何者かに暗殺されたことだった。アマデオ1世は1871年1月2日、「憲法を受け入れ、王国の法律を守り守らせることを誓う」と戴冠の宣誓を行ったが、それはまさに苦難の始まりでもあった。

アマデオ1世の即位で反対派は結集

**フアン・プリム将軍**
入隊初期

アマデオ1世　つかの間のスペイン王

# 紳士たる王

## 👑 アマデオ1世

- ■ 治世　　1870年11月16日～1873年2月11日
- ■ 誕生　　トリノ（イタリア）、1845年5月30日
- ■ 子女　　マリア・ビクトリア・ダル・ポッツォとの子女
  - ● エマヌエーレ・フィリベルト（1869～1913）、アオスタ公爵
  - ● ビクトル・エマヌエーレ（1870～1946）、トリノ伯爵
  - ● ルイージ・アマデオ（1873～1933）、アブルッツォ公爵

  マリー・レティツィア・ボナパルトとの子女
  - ● ウンベルト・マリア（1889～1918）、サレーミ伯爵
- ■ 前任者（政権の首長）　　フランシスコ・セラーノ、摂政
- ■ 後継者　エスタニスラオ・フィゲーラス、共和国大統領
- ■ 死去　　トリノ（イタリア）、1890年1月18日
- ■ 埋葬　　スペルガ聖堂王廟、トリノ（イタリア）

エミリオ・カステラール
第1共和政大統領

し、国王の動きに常に目を光らせるようになった。後の共和国大統領カステラールは、即位のわずか数ヵ月後に議会で「世論を考慮すると、国王はスペインから去るべきである。（…）メキシコのマクシミリアン1世のような最期を迎えないためにも」と述べて、ナポレオン3世の傀儡といわれたメキシコ皇帝マクシミリアン1世が銃殺された事件を引き合いに出して揶揄した。

2年間の治世で、アマデオ1世は6つの政権危機を乗り終え、1872年7月19日のテロを未然に回避したものの、最後には統治不可能となり、1873年2月11日に退位する。同日、スペイン第1共和政が宣言された。王位の放棄を告げるアマデオ1世の声明は、自由主義の政治家としての矜持を物語っている。

「スペイン国王に選ばれたことは大いなる名誉だった。混乱の極みにある国を統治するという困難や危険があったからこそ、さらに名誉に感じている。（…）私は、自分の善意が裏切られたと思っている。2年前に王位に就いてから、スペインは常に戦争状態にあり、私が望んでやまない平和で幸福な時代から遠ざかる一方の

ように見える。幸福を脅かす敵が異国人だったなら、勇敢で忍耐強い兵士たちを率い、私は真っ先に切り込んでいっただろう。しかし剣で、ペンで、言葉で、国を不幸にし続けているのは、スペイン人なのである。皆、耳に心地よい祖国の名前を引き合いに出し、自分の利益のために争い扇動しあっている。砲火がとどろき、それぞれの派閥が耳を聾するような、混乱し矛盾した叫びを上げ、民衆が互いに相反する意見を表明しあう中で、何が真実かを確かめることはできない。ましてや、これほどの事態を解決するなど不可能である。私は必死に、法律の中にその解を求めたが、見つからなかった。法を守ると誓った者が、法から外れることはできない」

その後イタリアに戻り、アオスタ公爵として軍にその生涯を捧げた。最初の妻を亡くしてから、ジェローム・ボナパルト(ナポレオンの弟)の孫であるマリー・レティツィア・ボナパルト(1866〜1926)と再婚し、息子をひとりもうけた。後のサレーミ伯爵ウンベルト・マリア・ビクトル・アマデオ・フアン(1889〜1918)である。1890年、アマデオ1世はトリノで45歳の生涯を終えた。

**スペルガ聖堂** フィリッポ・ユヴァッラ設計、トリノ、イタリア

## ■ マリア・ビクトリア　黙殺された王妃

マリア・ダル・ポッツォ・デッラ・チステルナは、ピエモンテ貴族チステルナ公カルロ・エマヌエーレ・ダル・ポッツォと、裕福なベルギー貴族ルイーズ・カロリーヌ・ド・メロードの娘として、1847年8月7日、パリに生まれた。父とたったひとりの姉を亡くしてからは、トリノで母に育てられ、社会と隔絶した生活を送っていた。1866年、ビクトル・エマヌエーレ2世の次男アマデオ・デ・サボヤと出会う。1867年5月30日にアマデオと結婚し、義理の父に敬意を表して、自分の名前にビクトリアを付け加えた。

1870年、アマデオがスペイン王に選ばれたが、マリアは第2子の出産から間もない時期だったので、同行できなかった。マドリードに到着したのは、1871年3月17日だった。気さくで親しみやすいマリアは、それまでの王室よりずっと簡素な生活スタイルを宮廷に持ち込み、新しい取り組みも行った。そのひとつが、自分のポケットマネーでつくった、恐らくスペイン初と思われる保育園である。マンサナレス川の洗濯女たちが、仕事中に自分たちの子どもを預けるための施設だった。しかし貴族たちは理解を示さず、王妃を無視した。第3子のルイージ・アマデオが生まれたとき、洗礼式で、名付け親のポルトガル王妃マリア・ピラールの代理をだれも務めようとしないほど、彼らはマリアに冷たく当たった。1873年2月、アマデオ1世が王位を放棄すると、マリアもイタリアに戻った。その3年後、サン・レモの別荘ヴィッラ・ドゥフォールで結核により死亡する。わずか29歳だった。

王妃マリア・ビクトリアが支援したマンサナレス川岸の洗濯女たち　マドリード

## 人名索引

〈ア〉
アーサー（イングランド皇太子） 133
アーディル 33
アウジアス・マルク 112
アウレリオ 47, 50-51
アウロラ・バウティスタ 146
アギラ 16-17
アグスティン・ムーニョス（リアンサレス公） 216
アスナール1世ガリンデス 95
アスナール2世ガリンデス 95
アタウルフ 14-15
アタナギルド 13, 16-17
アドリアーノ・デ・ユトレヒト（教皇ハドリアヌス6世） 150
アドルフォ・スアレス 235
アドルフォ・フロレンサ 119
アナ・デ・アウストリア 163, 166
アナ・デ・アウストリア（ラス・ウエルガス修道院長） 74
アナ・マリア・デ・オルレアンス 184
アナ・マリア・テレサ・デ・ブルボン・イ・ルイス・モラガス（アルフォンソ13世の庶子） 225
アナ・マリア（王女、カルロス3世の娘） 200
アナ（フランス王妃） 168
アブー・ダブス 33
アブダラ 27
アブデラマン1世 26-27
アブデラマン2世 27
アブデラマン3世 27-29, 31-32
アブデラマン4世 28
アブデラマン5世 28
アブド・アルムーミン 33
アマデオ1世（アマデオ・デ・サボヤ） 240, 244-246
アマラリック 16
アラリック1世 14-15
アラリック2世 15-16
アリ・デ・レルマ 141
アリー・ブン・ユースフ 28
アリー（ハンムード家） 28
アル・カースィム（ハンムード家） 28
アル・ハカム1世 26-27
アル・ハカム2世 28, 31
アル・マームーン 33
アル・マンソール 28, 31
アル・ムータスィム 33
アル・ムンディル 27
アルバロ・デ・ルナ 79
アルフォンス1世（バルセロナ伯）
→アルフォンソ2世（アラゴン）
アルフォンソ・デ・コルドバ 119
アルフォンソ・デ・ブルボン・ダンピエール 234
アルフォンソ・ライムンデス 61
アルフォンソ（ポルトガル皇太子） 133
アルフォンソ（王子、フェリペ3世の息子） 167-168
アルフォンソ（皇太子、アルフォンソ13世の息子） 225
アルフォンソ10世（賢王） 74, 76-78, 82, 111
アルフォンソ11世（正義王） 76, 78-79, 81, 83
アルフォンソ12世 165, 217, 219-223, 225, 229
アルフォンソ13世 165, 221-227, 230, 233-234
アルフォンソ1世（アストゥリアス） 46, 49, 50, 51
アルフォンソ1世（戦闘王） 86-87, 95-97, 99, 104
アルフォンソ2世（アストゥリアス、純潔王） 46, 50-52, 54, 85
アルフォンソ2世（アラゴン王） 96, 104, 106-107, 110, 114
アルフォンソ3世（自由王） 85, 111, 114, 123
アルフォンソ3世（大王） 51, 56
アルフォンソ4世（レオン） 57, 60, 62
アルフォンソ4世（慈悲王） 112, 114
アルフォンソ5世（ポルトガル王） 135
アルフォンソ5世（レオン） 57, 60, 62
アルフォンソ5世（高邁王） 113-114
アルフォンソ6世（レオン） 57-58, 61
アルフォンソ6世（勇敢王） 70-71
アルフォンソ7世（レオン） 57, 63
アルフォンソ7世（皇帝） 71, 85, 96
アルフォンソ8世（高貴王、ナバス・デ・トローサの王） 67, 70-72, 74, 87

248

# INDEX I

アルフォンソ 9 世　57, 61, 67, 71, 81, 85
アルメンゴル（ウルジェイ伯）　105
アレクサンダー・カルダー　127
アレクサンドル 6 世　138
アロンソ・ニーニョ　141
アントニオ・デ・オルレアンス　223
アントニオ・パスクアル（王子、カルロス 3 世の息子）　200
アントニオ・ラモス・デ・メネセス　219
アンドレゴート・ガリンデス　94-95
アンリ（ブルゴーニュ貴族）　70
イサベル・クララ・エウヘニア　159, 163
イサベル・デ・アビス・イ・トラスタマラ　154
イサベル・デ・アラゴン（ポルトガル王妃）　99-100
イサベル・デ・カスティーリャ（カルロス 1 世の庶子）　151
イサベル・デ・サブラン　125
イサベル・デ・ソリス　36-37
イサベル・デ・バロア　159, 163
イサベル・デ・ファルネシオ（フェリペ 5 世の妻）　176, 183-184, 188
イサベル・デ・ファルネシオ（フェリペ 5 世の妻）　189, 191, 197-198
イサベル・デ・ブルボン（フェリペ 4 世の妻）　170-171, 173
イサベル・デ・ポルトガル（カルロス 1 世の妻）　84
イサベル・デ・ポルトガル（皇后）　151, 158
イサベル・デ・マジョルカ　125
イサベル（1 世、カトリック女王）　80, 131-135, 138-141
イサベル（カトリック両王の娘、ポルトガル王妃）　133, 139
イサベル（デンマーク王妃）　148
イサベル 2 世　165, 212-213, 216-219, 221, 223
イシドロ（セビリア司教）　14, 18
イシドロ・ゴンサレス・ベラスケス　215
イシャーク・ブン・アリー　28
イスマイール 1 世　38
イスマイール 2 世　38
イドリーシー　58
イニゴ・アリスタ　86, 87
イニャキ・ウルダンガリン　236
イネス・デ・ポワトゥ　96, 107
イブラヒム・ブン・ターシュフィーン　28
イブン・トゥーマルト　33
イレーネ・ウルダンガリン・イ・デ・ブルボン　236
ウァリア　14, 15
ウィティザ　16, 19
ウィテリック　16-17
ウジェニー・ド・モンティジョ　218
ウラーカ・デ・カスティーリャ（アストゥリアス王妃）　47
ウラーカ（1 世、レオン女王）　57, 61-62, 64, 71, 97
ウルシーノ家王女　184, 188
ウンベルト・マリア（アマデオ 1 世の息子）　245-246
エウリック　15
エギカ　16, 19
エスクララムンダ・ド・フォア　124-125
エステバン・ブートルー　215
エデルミラ・サンペドロ　230
エドゥアルド・アスケリーノ　146
エマヌエーレ・フィリベルト（アマデオ 1 世の息子）　245
エリザヴェッタ・ファルネーゼ
　➡イサベル・デ・ファルネシオ
エリザベス 1 世（イギリス）　161
エルウィック　16, 19
エルメシンダ　48-49
エルメシンダ・デ・カルカソンヌ　105
エレナ（・デ・ブルボン・イ・グレシア、ルーゴ公爵）　234-236
エレナ（王女）　84
エンセナーダ侯爵　193
エンリケ・プイグ・モルト　219
エンリケ 1 世（カスティーリャ = レオン王）　67, 71, 74
エンリケ 1 世（ナバーラ王）　89
エンリケ 2 世（プランタジネット家、アキタニア公）　104
エンリケ 2 世（恩寵王）　77, 79-80, 92
エンリケ 3 世（病王）　79, 117
エンリケ 4 世（不能王）　79
オドアルド・ファルネーゼ　184
オリバーレス伯公　172-173
オルドーニョ 1 世　47, 51
オルドーニョ 2 世（レオン）　56-59
オルドーニョ 3 世（レオン）　57
オルドーニョ 4 世（悪王）　57
オロペサ伯　177

**〈カ〉**

カール 2 世（エスティリア大公）　167
カール 5 世（神聖ローマ皇帝）
　➡カルロス 1 世

249

| スペイン王家の歴史

カール大公（ハプスブルク家、
　オーストリア大公）
　　　　　　　　105, 115, 182, 185
ガウディオーサ　　　　　　　　48
ガエタノ・ヒルヘンティ　　　 218
カステラール　　　　　　　　245
ガストン1世（フォア伯爵）　　 89
カタリーナ・ミカエラ　　 159, 163
カタリーナ（1世、ナバーラ）　 89
カタリーナ（カトリック両王の娘、
　イングランド王妃）　　 133, 139
カタリーナ（ポルトガル王妃）148
カナレーハス　　　　　　　　224
カノバス・デル・カスティーリョ
　　　　　　　　　 219, 221, 224
ガブリエル（王子、カルロス3世
　の息子）　　　　　　　　　200
ガラ・プラキディア　　　　14, 15
カラヴァッジョ　　　　　　　228
ガリンド・カルセス　　　　　 95
ガリンド1世アスナーレス　　　95
ガリンド2世アスナーレス　　　95
ガルシア・イニーゲス　　　　 86
ガルシア・サンチェス（1世）
　　　　　　　　　　　68, 86, 94
ガルシア・サンチェス2世
　（驚愕王）　　　　　　　　 86
ガルシア・サンチェス3世
　（ナヘラの王）　　　　　　 86
ガルシア・フェルナンデス　　 68
ガルシア・ラミレス（復興王）86
ガルシア1世（レオン王）　 56-57
ガルシア1世ガリンデス
　（アラゴン伯）　　　　　　 95
カルメラ・ヒメネス・フローレス 218
カルメン・ルイス・モラガス　225
カルロータ・ホアキーナ
　（ポルトガル王妃）　 206, 212

カルロス・アリアス・ナバーロ 235
カルロス・ウゴ（ブルボン=パルマ
　家）　　　　　　　　　　　234
カルロス・エウセビオ（王子、カル
　ロス4世の息子）　　　　　206
カルロス・クレメンテ（王子、カル
　ロス4世の息子）　　　　　206
カルロス・スリータ　　　　　231
カルロス・デ・ブルボン・ドス・シ
　シリアス　　　　　　　　　233
カルロス・フランシスコ（王子、
　カルロス4世の息子）　　　 206
カルロス・マリア・イシドロ（王子、
　カルロス4世の息子）
　　　　　　　　　 206, 213, 216
カルロス・ロレンソ（王子、フェリ
　ペ2世の息子）　　　　　　 159
カルロス（ビアナ皇太子）　88, 92
カルロス（王子、フェリペ3世の
　息子）　　　　　　　　　　168
カルロス（皇太子、フェリペ2世の
　息子）　　　　　　　　　　159
カルロス1世　80, 84, 105, 118,
　　148-155, 158-159, 165, 178
カルロス1世（カペー朝）　　 89
カルロス2世　165, 171, 174-177
カルロス2世（悪王）　　　　 89
カルロス3世（スペイン国王、
　啓蒙王）　　100, 164-165, 200
カルロス3世（高貴王）　88-90, 92
カルロス4世　165, 197, 200, 204-
　　　　　　　208, 210, 213-214, 229
ギスラ・デ・バルサレニー　　105
ギフレ（多毛伯）　　　 103-104, 109
ギフレ2世（サルダーニャ伯）105
ギリェルモ（バザルー伯）　　105
キンダスウィント　　　 14, 16, 18
キンティラ　　　　　　　 16, 18

クラウディオ・コエーリョ　　165
クリスティーナ・デ・ブルボン・
　イ・グレシア　　　　　234-236
クリストファー・コロンブス
　　　　　　　　　 134, 137-138
グレゴリオ・ロメロ　　　　　146
クレメンシア・デ・ホーエンシュタ
　ウフェン　　　　　　　　　 87
クローヴィス（フランク王）　 16
グンデマル　　　　　　　 16, 18
ゴンサロ（王子、アルフォンソ13
　世の息子）　　　　　　　　225
コンスタンサ・デ・トローサ　 87
コンスタンサ（アラゴン王女）
　　　　　　　　　　　　　 125
コンスタンツァ（ホーエンシュタウ
　フェン家、アラゴン王ペドロ3
　世の妻）　　　　　　　　　111
コンスタンサ（ポルトガル王女）
　　　　　　　　　　　　　 100

〈サ〉
サード　　　　　　　　　　　 38
サイード　　　　　　　　　　 33
ザガル（→ムハンマド13世）　 37
サンチャ・デ・カスティーリャ
　　　　　　　　　　　　87, 105
サンチャ（フェルナン・ゴンサレス
　の妻）　　　　　　　　　　 69
サンチャ（レオン王妃）　 62-63
サンチョ・ガルシア（良法王）68
サンチョ・ガルセス1世　59, 86-87
サンチョ・ガルセス2世　　86, 94
サンチョ・ガルセス4世（ペニャレ
　ンの王）　　　　　　　　　 86
サンチョ・ヒメネス・デ・ソリス 36
サンチョ（サルダーニャ伯及びプロ
　ヴァンス伯）　　　　　　　107

# INDEX

| | | |
|---|---|---|
| サンチョ 1 世（肥満王、レオン王）57, 62 | （ホセ 1 世の娘） 241 | テオドロ・アルデマンス 196 |
| サンチョ 1 世（平和王、アラゴン王ラミレス） 96, 123 | ジョアン 5 世（ポルトガル王） 195 | テオバルド 1 世 87, 89 |
| | ジョゼフ・ボナパルト ➡ ホセ 1 世 | テオバルド 2 世 89 |
| サンチョ 2 世（強王、カスティーリャ王） 58, 69, 71, 85 | スインティラ 16, 18 | デジレ（・クラリー） 243 |
| | スインティラ 22 | テレサ・デ・エンテンサ 112 |
| サンチョ 3 世（大王、ナバーラ王）69, 86, 93 | スレイマーン 28, 33 | ドゥース 104 |
| | スレイマン 154 | トゥリスムンド 15 |
| サンチョ 3 世（待望王、カスティーリャ＝レオン王） 71 | 聖ジル 64 | トゥルガ 16, 18 |
| サンチョ 4 世（勇敢王） 76-78 | ゼナイーダ・レティツィア（ホセ 1 世の娘） 241, 243 | ドゥルセ・デ・アラゴン（ポルトガル王妃） 107 |
| サンチョ 5 世ラミレス 86 | ソフィア・ドロテア・デ・バビエラ 184 | トマス・カルロス（王子、フェリペ 4 世の息子） 171 |
| サンチョ 6 世（賢王） 86-87 | ソフィア（・デ・グレシア・イ・ディナマルカ、フアン・カルロス 1 世王妃） 235-236 | ドミンゴ・ファンセリ 139 |
| サンチョ 7 世（強王） 87, 89 | | |
| シーロ 47, 50-51 | | 〈ナ〉 |
| ジェルメーヌ・ド・フォア 134-135, 139 | ソフィア（・デ・ブルボン・イ・オルティス、フェリペ 6 世の娘） 236-237 | ナーシル 33 |
| | | ナスル 38 |
| ジェローム・ピラムス・ケーゲル 153 | ソライダ ➡ イサベル・デ・ソリス | ナポレオン・ボナパルト 240-241, 243 |
| ジェローム・ボナパルト 246 | 〈タ〉 | ナポレオン 3 世 218 |
| シゲリック 14-15 | ターシュフィーン・ブン・アリー 28 | ニセート・アルカラ＝サモーラ 225 |
| シセナンド 16, 18 | ターリク 19 | ネポシアーノ 51 |
| シセブート 16, 18 | ダゴベルト（フランク王） 18 | |
| シモン・ド・モンフォール 111 | タデア・デ・アウストリア（カルロス 1 世の庶子） 151 | 〈ハ〉 |
| ジャウマ（ウルジェイ伯） 117 | | ハイメ（王子、アルフォンソ 13 世の息子） 225 |
| ジャウマ 1 世 ➡ ハイメ 1 世 | ダルマウ・デ・カラルト 115, 172 | ハイメ・デ・マリチャラル 84, 236 |
| ジャウマ 2 世（マジョルカ王）122-124, 126-128 | チェーザレ・ボルジア 141 | ハイメ（ジャウマ）1 世（征服王）76, 100, 110-111, 114, 122-124 |
| | ディエゴ・デ・カスティリェホ 84 | |
| ジャウマ 3 世（軽率王） 123-125 | ディエゴ・フェリクス（王子、フェリペ 2 世の息子） 159 | ハイメ 2 世（公正王） 110-111, 114 |
| シャルル・マリー・ボナパルト 240 | ディエゴ・ベラスケス 170, 172-173 | バドー 14 |
| シャルロット「ロロット」（ホセ 1 世の娘） 241, 243 | ティブルチオ・スパノッキ 99 | パトリシア・デ・コノート 227 |
| ジャン・オリー 184 | テウディクルス 16 | パブロ（・ウルダンガリン・イ・デ・ブルボン） 236 |
| ジャン・ド・フォア 135 | テウディス 16 | |
| ジャン・ド・ブルゴーニュ 90 | テオドーラ 18 | バルタサール・カルロス（王子、フェリペ 4 世の息子）170-171, 173 |
| ジャン（アルブレ伯） 89 | テオドリック（1 世） 15 | |
| ジュアノット・マルトゥレイ 112 | テオドリック 2 世 15 | |
| ジュリー・ジョセフィーナ | | |

| | | |
|---|---|---|
| バルドメロ・エスパルテーロ 216, 219 | フアナ・デ・バロイス 88 | フアン・ロマン 196 |
| バルナット・ダスクロット 126 | フアナ・デ・ポルトガル（カスティーリャ王エンリケ4世の妻） 79 | フアン（・ウルダンガリン・イ・デ・ブルボン） 236 |
| バルバラ・デ・ブラガンサ 193-195, 203 | フアナ・ラ・ベルトラネハ 133, 135 | フアン1世（カスティーリャ王） 79 |
| バルバラ・ブロンベルグ 151, 153 | フアナ1世（ナバーラ） 89 | フアン1世（フランス王ジャン1世、遺児王） 89 |
| ビオランテ・デ・ビララグー 125 | フアナ1世（狂女王 フアナ・デ・カスティーリャ） 141, 144-146, 148 | フアン1世（狩猟王、耽美王） 113-114, 116 |
| ビオランテ（ハンガリー王女） 110-111, 124 | フアナ2世（ナバーラ） 89 | フアン2世（アラゴン王） 87-89 |
| ビクトリア（・フェデリカ・マリチャラル・イ・デ・ブルボン） 236 | ファフィラ 48-49, 51 | フアン2世（カスティーリャ王） 79 |
| ビクトリア・エウヘニア・デ・バッテンベルク 225, 227, 230 | フアン・エベラルド・ニタルド 174 | フアン2世（大王） 114 |
| ビクトル・アマデオ2世（サヴォイア公、サルデーニャ王） 184 | フアン・カルロス・デ・ブルボン・イ・ブルボン➡フアン・カルロス1世 | フィリップ・ヴィルヘルム（プファルツ選帝侯） 177 |
| ビクトル・エマヌエーレ2世（アマデオ1世の息子） 244, 245, 247 | フアン・カルロス1世 105, 197, 226, 230-237 | フィリップ（アンジュー公）➡フェリペ5世 |
| ヒシャム1世 26-27 | フアン・デ・アウストリア（カルロス1世の庶子） 151, 153, 160, 165 | フィリップ（美公、ハプスブルク家）➡フェリペ1世 |
| ヒシャム2世 28 | フアン・デ・エレーラ 165, 178, 214 | フェリペ・アントニオ（王子、カルロス3世の息子） 200 |
| ヒシャム3世 28, 33 | フアン・デ・オルドーニャ 146 | フェリペ・フバラ 196 |
| ビセンテ・アランダ 146 | フアン・デ・スニガ 158 | フェリペ・フランシスコ（王子、カルロス4世の息子） 206 |
| ビセンテ・ロペス 211-213, 216 | フアン・デ・ビリャヌエバ 164 | フェリペ・プロスペロ（王子、フェリペ4世の息子） 171 |
| ヒメナ（・デ・ナバーラ） 51 | フアン・デ・フランデス 147 | フェリペ・ペドロ（王子、フェリペ5世の息子） 183 |
| ヒメノ・ガルセス 86 | フアン・デ・ブルボン・イ・バッテンベルク（バルセロナ伯） 225, 231, 234-235 | フェリペ・マリア（王子、カルロス4世の息子） 206 |
| ヒュー1世（アンプリアス伯） 105 | フアン・デ・ブルボン（バルセロナ伯） 105 | フェリペ（1世、パルマ公） 183, 208 |
| ピラール・ロペス・デ・アヤラ 146 | フアン・デ・ベルガラ 178 | フェリペ1世（端麗王、ナバーラ王） 89 |
| ピラール（・デ・ブルボン・イ・ブルボン、バダホス公爵） 231 | フアン・バウティスタ・デ・トレド 165 | フェリペ1世（美公） 80, 144-150 |
| ファティマ 36, 39 | フアン・ホセ・デ・アウストリア（フェリペ4世の庶子） 170, 173, 175, 177 | フェリペ2世（ナバーラ王） 89 |
| ファドリケ（マルティン人情王の庶子） 113 | フアン・マルティネス・シリセオ 158 | フェリペ2世 151, 154-155, 158, 160-161, 163-166, 178 |
| フアナ・アルフォンサ・ミラン・イ・キニョーネス・デ・レオン（アルフォンソ13世の庶子） 225 | | フェリペ3世 89, 159, 163, 165-169, 173, 177 |
| フアナ・エンリケス 89, 114 | | |
| フアナ・デ・アウストリア（カルロス1世の娘、ポルトガル王セバスチャン1世の母） 151 | | |

# INDEX

フェリペ4世　165, 168, 170-175, 177
フェリペ5世　96, 100, 115, 176, 182-185, 188-194, 196-198, 214, 228
フェリペ6世　235-237
フェルディナント1世（神聖ローマ皇帝）　148, 169
フェルナン・ゴンサレス　66-68
フェルナンド・カレニョ　141
フェルナンド・デ・アラゴン（カラブリア公）　135
フェルナンド・デ・バレンスエラ（ミラシエラ侯爵）　175
フェルナンド・デ・ラ・セルダ　74
フェルナンド・バレンスエラ　177
フェルナンド（2世、カトリック王）　131-135, 138-, 139, 149
フェルナンド（カルロス1世の息子）　151
フェルナンド（王子、アルフォンソ13世の息子）　225
フェルナンド（王子、イサベル2世の息子）　217
フェルナンド（王子、フェリペ2世の息子）　159
フェルナンド（枢機卿王子）　168
フェルナンド（両シチリア王）　200
フェルナンド1世（アンテケーラの王）　114, 117
フェルナンド1世（大王、レオン）　57, 58, 60, 62-63, 69, 71
フェルナンド2世（レオン）　57, 60, 62
フェルナンド3世（聖王）　34, 61, 67, 71-72, 74, 76, 78, 82, 85
フェルナンド4世（召喚王）　76, 78, 81
フェルナンド6世　183-184, 193-194, 198, 200, 202-204, 214
フェルナンド7世　165, 206-208, 210-214, 216-217, 241, 243
フォルトゥン・ガルセス　86
プラクセデス・マテオ・サガスタ　221
ブランカ・デ・ナバーラ（カスティーリャ王エンリケ4世の妻）　79
ブランカ（ブルボン家）　78, 81
ブランカ1世（ナバーラ）　89, 92
フランシスコ・イニーゲス　100
フランシスコ・ゴメス・デ・サンドバル（レルマ公）　166
フランシスコ・サバティーニ　178
フランシスコ・デ・アシス・デ・ブルボン（イサベル2世の夫）　217, 219
フランシスコ・デ・アシス（王子、イサベル2世の息子）　217
フランシスコ・デ・ゴヤ　179
フランシスコ・デ・パウラ（王子、カルロス4世の息子）　206
フランシスコ・デ・ボルハ　149, 154
フランシスコ・デ・モラ　178
フランシスコ・デ・ラス・マデラス　41
フランシスコ・ハビエル（王子、カルロス3世の息子）　200
フランシスコ・フェルナンド（フェリペ4世の庶子）　171
フランシスコ・プラディーリャ　146, 195
フランシスコ（王子、フェリペ5世の息子）　183
フランシスコ1世（フランシスコ・デ・フェボ）　89
フランソワ・カルリエ　195
フランソワ・クラリー　243
フランソワ1世（フランス王）　152-154
ブリアンダ・ダグー　116
フリードリヒ・アウグスト2世（ポーランド王）　203
フリードリヒ（プファルツ選帝侯）　169
フリードリヒ1世（神聖ローマ皇帝、赤ひげ王）　87, 104
フルエラ1世　47, 49-51
フルエラ2世　57, 59
フロリダブランカ伯爵　202, 204
ベアトリス・ガリンド（ラ・ラティーナ）　144
ベアトリス・ヌーン　225
ベアトリス（イギリス王女）　227
ベアトリス（ラ・マルシュ伯ハイメ2世の妻）　92
ベアトリス（王女、アルフォンソ13世の娘）　225
ペドロ・カロ・イドロゴ　214
ペドロ・ヒロン　135
ペドロ・フロイラス　61
ペドロ1世（ウエスカの王）　94, 96-97
ペドロ1世（ナバーラ）　86
ペドロ1世（残酷王）　76-81, 83-84
ペドロ2世（カトリック王）　70, 110, 114
ペドロ3世（大王）　100, 110-111, 114
ペドロ4世（尊儀王）　99, 113-114, 124

| | | |
|---|---|---|
| ペドロ5世（アラゴン王、ポルトガルの元帥） | 119 | |
| ペトロニーラ・デ・アラゴン | 94, 96, 104, 106-107 | |
| ベネディクトゥス13世 | 113, 116 | |
| ペレ・サルバ | 127 | |
| ペラーヨ | 46, 48-49, 51 | |
| ベリード・ドルフォス | 61 | |
| ベルトラン・デ・ラ・クエバ | 79 | |
| ベルトラン・ドゥ・ゲクラン | 79 | |
| ベルナドット将軍 | 243 | |
| ベルムード1世 | 47, 50-51, 62 | |
| ベルムード2世 | 57 | |
| ベルムード3世 | 57 | |
| ベレンゲラ1世（大女王） | 63, 67, 71, 74 | |
| ベレンゲール・ラモン1世 | 105 | |
| ベレンゲール・ラモン2世 | 105 | |
| ベンベヌート・チェッリーニ | 165 | |
| ヘンリー（バッテンベルク公） | 227 | |
| ヘンリー8世（イングランド王） | 133, 139 | |
| ホアキン・ビラセカ | 119 | |
| ボアブディル ➡ ムハンマド12世 | | |
| ホセ・デ・カルバハル | 193-194 | |
| ホセ・フェルナンド・デ・ハプスブルク | 177 | |
| ホセ・マリア・ルイス・デ・アラナ | 218 | |
| ホセ1世 | 240, 241, 243 | |
| ホセファ・アマリア・デ・サホニア | 213 | |
| ホノリウス（ローマ皇帝） | 15 | |
| ポンス・ダスコイ | 126-128 | |
| ポンペオ・レオーニ | 165 | |

〈マ〉

| | |
|---|---|
| マウラ | 224 |
| マウレガート | 47, 48, 50, 51 |
| マクシミリアン1世（メキシコ皇帝） | 245 |
| マクシミリアン1世 | 144, 147, 152 |
| マヌエル・タマーヨ・イ・バウス | 146 |
| マヌエル・デ・ゴドイ | 204-205, 207-208 |
| マヌエル1世（ポルトガル王） | 133, 139 |
| マヌエル1世（幸運王） | 154 |
| マフルー | 33 |
| マリア・アーデルハイト | 244 |
| マリア・アナ・アントニア（王女、フェリペ4世の娘） | 171 |
| マリア・アナ・デ・バビエラ | 167 |
| マリア・アナ（神聖ローマ皇后） | 168 |
| マリア・アナ・クリスティーナ・デ・バビエラ | 182 |
| マリア・アマリア・デ・サホニア | 200, 203 |
| マリア・アマリア（王女、カルロス4世の娘） | 206 |
| マリア・アントニア・デ・ナポレス | 212, 213 |
| マリア・アントニエタ（サルデーニャ王妃） | 183 |
| マリア・アンブロシア・デ・ラ・コンセプシオン（王女、フェリペ4世の娘） | 171 |
| マリア・イザベル | 218 |
| マリア・イサベル・アナ（王女、カルロス3世の娘） | 200 |
| マリア・イサベル・アントニア（王女、カルロス3世の娘） | 200 |
| マリア・イサベル・デ・ブラガンサ | 212-213 |
| マリア・イサベル・フランシスカ（ラ・チャタ） | 217 |
| マリア・イサベル（ナポリ王妃） | 206 |
| マリア・エウヘニア（王女、フェリペ4世の娘） | 171 |
| マリア・エウラリア（王女、イサベル2世の娘） | 217 |
| マリア・カルデロン（ラ・カルデローナ） | 171 |
| マリア・クリスティーナ・デ・ハプスブルク＝ロレーナ | 221-224 |
| マリア・クリスティーナ・デ・ブルボン | 197, 212-213 |
| マリア・クリスティーナ（王女、アルフォンソ13世の娘） | 225 |
| マリア・デ・パディーリャ | 78, 81, 83-84 |
| マリア・デ・ハプスブルク（神聖ローマ皇后） | 151 |
| マリア・デ・モリーナ | 76, 81 |
| マリア・デ・モンペリエ | 111 |
| マリア・デ・ラ・コンセプシオン（王女、イサベル2世の娘） | 217 |
| マリア・デ・ラ・パス（王女、イサベル2世の娘） | 217-218 |
| マリア・デ・ラス・メルセデス（アルフォンソ12世の娘） | 222 |
| マリア・デ・ラス・メルセデス・デ・オルレアンス・イ・ブルボン | 221-223, 229 |
| マリア・デ・ラス・メルセデス・デ・ブルボン・イ・オルレアンス | 230-231, 233 |
| マリア・デ・ルナ | 113, 116 |
| マリア・テレサ（カルロス4世の娘） | 206 |
| マリア・テレサ（アルフォンソ12世の娘） | 222 |
| マリア・テレサ（フランス王妃） | |

## INDEX

171, 173
マリア・テレサ（王女、カルロス3世の娘） 200
マリア・ビクトリア・ダル・ポッツォ・デッラ・チステルナ 245, 247
マリア・ホセファ・アマリア・デ・サホニア 212
マリア・ホセファ・デ・アウストリア 203
マリア・ホセファ（王女、カルロス3世の娘） 200
マリア・マヌエラ・デ・ポルトガル 159
マリア・マヌエラ・デ・ポルトガル 163
マリア・マルガリータ（王女、フェリペ4世の娘） 171
マリア・ルイサ・イサベル（王女、フェルナンド7世の娘）212-213
マリア・ルイサ・ガブリエラ・デ・サボヤ 183-184, 188, 190, 193
マリア・ルイサ・デ・オルレアンス 175, 176
マリア・ルイサ・デ・パルマ 197, 206, 208, 210
マリア・ルイサ（王女、カルロス4世の娘、エトルリア王妃） 206
マリア・ルイサ（神聖ローマ皇后） 200
マリア（カトリック両王の娘、ポルトガル王妃） 133, 139
マリア（ハンガリー王妃） 148
マリア（王女、フェリペ3世の娘） 168
マリアナ・デ・アウストリア（フェリペ4世妃） 170-171, 173-175
マリアナ・デ・ネオブルゴ 175-176
マリアナ・ビクトリア

（ポルトガル王妃） 183
マリー・ジュリー・クラリー 240-241, 243
マリー・ド・ブルゴーニュ 133
マリー・ドルレアン 135
マリー・フランソワーズ・ド・ブルボン 191
マリー・レティツィア・ボナパルト 245-246
マリガリータ・マリア・カタリーナ（王女、フェリペ4世の娘） 171
マルガリータ・デ・アウストリア（カトリック両王の皇太子フアンの妻） 133, 139, 150-151, 153
マルガリータ・デ・アウストリア（カルロス1世の庶子） 151
マルガリータ・デ・アウストリア=エスティリア 166-168
マルガリータ（・デ・ブルボン・イ・ブルボン、ソリア・エルナニ公爵夫人） 231
マルガリータ（王女、フェリペ3世の娘） 168
マルガリータ（神聖ローマ皇后）171
マルティン・ペレス・デ・エステリャ 90
マルティン1世（人情王） 110, 113-114, 116
ミゲル・テノリオ・デ・カスティーリャ 219
ミゲル・プリモ・デ・リベーラ 224, 226
ミゲル（・ウルダンガリン・イ・デ・ブルボン） 236
ミシェル・ド・ラーンス 90
ミラマモリン（ナーシル） 73
ムスタンシル 33
ムニア 49

ムハンマド10世（ナスル朝） 38
ムハンマド11世（ナスル朝） 38
ムハンマド12世（ナスル朝、ボアブディル） 38-39
ムハンマド13世（ナスル朝、ザガル） 38
ムハンマド1世（ナスル朝、アル・アフマル） 34, 38, 40
ムハンマド1世（後ウマイヤ朝）27
ムハンマド2世（ナスル朝） 38
ムハンマド2世（後ウマイヤ朝） 28
ムハンマド3世（ナスル朝） 38
ムハンマド3世（後ウマイヤ朝） 28
ムハンマド4世（ナスル朝） 38
ムハンマド5世 35
ムハンマド5世（ナスル朝） 38
ムハンマド6世（ナスル朝） 38
ムハンマド7世（ナスル朝） 38
ムハンマド8世（ナスル朝） 38
ムハンマド9世（ナスル朝） 38
ムレイ・ハッサン 36-39
メアリー・チューダー 159, 163
メラニー・ド・ゴーフリディ・ド・ドルタン 225

〈ヤ〉
ヤークーブ 33
ヤフヤー（ハンムード家） 28
ユースフ 33
ユースフ・ブン・ターシュフィーン 28
ユースフ1世 35, 38, 40
ユースフ2世 38
ユースフ3世 38
ユースフ4世 38
ユースフ5世 38
ヨハン・フォン・ブランデンブルク 135

255

〈ラ〉

| 項目 | ページ |
|---|---|
| ラ・カバ | 19 |
| ライムンド（ブルゴーニュ伯） | 61 |
| ラシード | 33 |
| ラミーロ1世（アストゥリアス） | 47, 51-52 |
| ラミーロ1世（アラゴン） | 94, 96 |
| ラミーロ2世（アストゥリアス） | 32 |
| ラミーロ2世（レオン） | 57, 62, 67-68 |
| ラミーロ2世（僧侶王） | 96, 107 |
| ラミーロ3世（レオン） | 57, 62 |
| ラモン・バウ | 127 |
| ラモン・ベレンゲール1世 | 105-106 |
| ラモン・ベレンゲール2世 | 105 |
| ラモン・ベレンゲール3世 | 105 |
| ラモン・ベレンゲール4世 | 94, 96, 104-105, 107 |
| ラモン・リュイ | 124 |
| リウバ1世 | 16-18 |
| リウバ2世 | 14, 16-17 |
| リカルド・ウォール | 193 |
| リチャード獅子心王（イングランド王） | 87 |
| ルイ・ド・フランス（グラン・デルフィン） | 182 |
| ルイ・ナポレオン（ナポレオン3世の息子） | 218 |
| ルイ・フィリップ・ド・オルレアン | 191 |
| ルイ（アンジュー公） | 113 |
| ルイ15世（フランス王） | 188, 208 |
| ルイージ・アマデオ（アマデオ1世の息子） | 245, 247 |
| ルイサ・イサベル・デ・オルレアンス | 191, 192 |
| ルイサ・デ・オルレアンス | 233 |
| ルイサ・フェルナンダ（モンパンシエ公妃） | 212-213, 223 |
| ルイス・アントニオ（チンチョン伯爵） | 183 |
| ルイス・ゴメス=アセボ | 230 |
| ルイス・デ・アロ | 173 |
| ルイス・デ・ラ・ベガ | 178 |
| ルイス・フェルナンド・デ・バビエラ | 218 |
| ルイス1世 | 165, 183-184, 190-193 |
| ルイス1世（強情王） | 89 |
| ルドルフ1世 | 77 |
| レアンドロ・アルフォンソ・デ・ブルボン・イ・ルイス・モラガス（アルフォンソ13世の庶子） | 225 |
| レオノール・デ・アルブルケルケ | 117 |
| レオノール・デ・カスティーリャ（征服王ハイメ1世妃） | 110-111 |
| レオノール・デ・グスマン | 76, 81 |
| レオノール・デ・トラスタマラ | 88, 90, 92 |
| レオノール・プランタジネット | 67, 72, 74 |
| レオノール（・デ・ブルボン・イ・オルティス） | 236-237 |
| レオノール（ポルトガル王妃、フランス王妃） | 148 |
| レオノール1世 | 89 |
| レオビヒルド | 12, 16-17, 23 |
| レカレド1世 | 13-14, 16-17, 19, 21 |
| レカレド2世 | 16, 18 |
| レケスウィント | 13-14, 16, 18, 22 |
| レティシア・オルティス・ロカソラノ（フェリペ6世妃） | 236-237 |
| レティツィア・ラモリーノ | 240 |
| ローズ・ソミス | 243 |
| ロジェ・レベック・ド・ビルモラン（アルフォンソ13世の庶子） | 225 |
| ロドリーゴ・デ・カルデロン（シエテイグレシアス侯爵） | 167 |
| ロドリーゴ（ロデリック） | 16, 19 |
| ロレンソ・バリェス | 146 |

〈ワ〉

| 項目 | ページ |
|---|---|
| ワンバ | 16, 19 |

## 写真クレジット

**マリア・アルダベ**

| | | |
|---|---|---|
| p44 左下 | p48 右下 | p58 下 |
| p61 下 | p66 右下 | p67 左上 |
| p68 右下 | p79 下 | p80 左下 |
| p86 左下 | p87 右下 | p94 左下 |
| p97 右下 | p103 右下 | p104 右下 |
| p123 右下 | p130 左下 | p134 左下 |
| p142 左下 | p151 右下 | p159 右下 |
| p166 左下 | p170 左下 | p171 右下 |
| p174 左下 | p196 右下 | p199 右下 |
| p218 左下 | p221 左下 | p222 左上 |
| p238-239 下 | p239 右下 | p240 右下 |
| p241 右下 | p242 右下 | |

**ピラール・ケラルト**

| | |
|---|---|
| p63 下 | p64 下 |

**スサエタ**

| | | |
|---|---|---|
| p12 左下 | p17 左上 | p19 左上 |
| p24 左下 | p28 右上・左下 | p32 左下 |
| p33 右下 | p39 左下・右下 | |

**シンクストック（ゲッティ・イメージズ）**

| | | |
|---|---|---|
| p10-11 右下 | p13 下 | p15 下 |
| p18 左下 | p20-21 下 | p22 右下 |
| p24-25 右下 | p26 中央右 | p31 下 |
| p34-35 上 | p36 左下 | p37 下 |
| p40-41 下 | p42 右上・下 | p44-45 下 |
| p53 下 | p54 下 | p57 下 |
| p82 下 | p83 左上・右上 | p84 左下 |
| p90 左下 | p92 左上 | p95 右下 |
| p112 右上 | p115 下 | p116-117 下 |
| p122 下 | p124 下 | p128 右上・下 |
| p130-131 下 | p135 下 | p140 下 |
| p141 下 | p142-143 下 | p145 下 |
| p146 下 | p149 下 | p150 下 |
| p154-155 下 | p160-161 下 | p164 下 |
| p172 下 | p178-179 下 | p180-181 下 |
| p182 左下 | p184 右下 | p191 右下 |
| p195 右下 | p199 下 | p201 右下・中央 |
| p202 左上 | p221 下 | p222 下 |
| p227 下 | p228-229 下 | p232 左下 |
| p233 下 | p246 下 | |

著者
マリア・ピラール・ケラルト・デル・イエロ　*María Pilar Queralt Del Hierro*
　　バルセロナに生まれる．バルセロナ自治大学で近現代史を専攻。1979〜1982年まで同大学でスペイン現代史の教鞭をとる。雑誌『歴史と人生』の編集に携わり、1985年からは執筆活動に専念。歴史書や伝記、歴史エッセイ、歴史小説を多数刊行している。

翻訳
青砥直子　*Naoko Aoto*
　　スペイン語翻訳者、校正者、講師。スペイン・グラナダ大学セントロ・デ・レングアス・モデルナス留学。翻訳、辞書の編集・校正業務のほか、語学学校にてスペイン語翻訳、講読などを教えている。
　　訳書に、『TREASURE MAP　成功への大航海』（アレックス・ロビラ、フランセスク・ミラージェス著、アチーブメント出版）、『グッドクライシス』（アレックス・ロビラ著、CCCメディアハウス）（いずれも田内志文氏との共訳）がある。

吉田　恵　*Megumi Yoshida*
　　慶応義塾大学文学部史学科東洋史専攻でイスラーム・スペインを研究。卒業後スペインへ留学、マドリード・コンプルテンセ大学外国人コース等修了後、バルセロナで日本企業駐在勤務。帰国後、編集プロダクション勤務を経てフリーライターに。現在はスペイン語書籍関係の仕事を手掛ける。


監修協力
　　岩根　圀和　神奈川大学名誉教授

翻訳協力
　　株式会社　イスパニカ

ヴィジュアル版
スペイン王家(おうけ)の歴史(れきし)

●

2016年2月23日　第1刷

著者　　マリア ピラール ケラルト デル イエロ
訳者　　青砥(あおと)　直子(なおこ)
　　　　吉田(よしだ)　恵(めぐみ)
装幀　　川島　進
発行者　成瀬　雅人
発行所　株式会社　原書房
〒160-0022 東京都新宿区新宿1-25-13
http://www.harashobo.co.jp　　振替 00150-6-151594
印刷・製本　中央精版印刷株式会社
© Hispánica ©HARA SHOBO Publishing Co.,Ltd. 2016
ISBN 978-4-562-05278-3　Printed in Japan